映画論叢 62

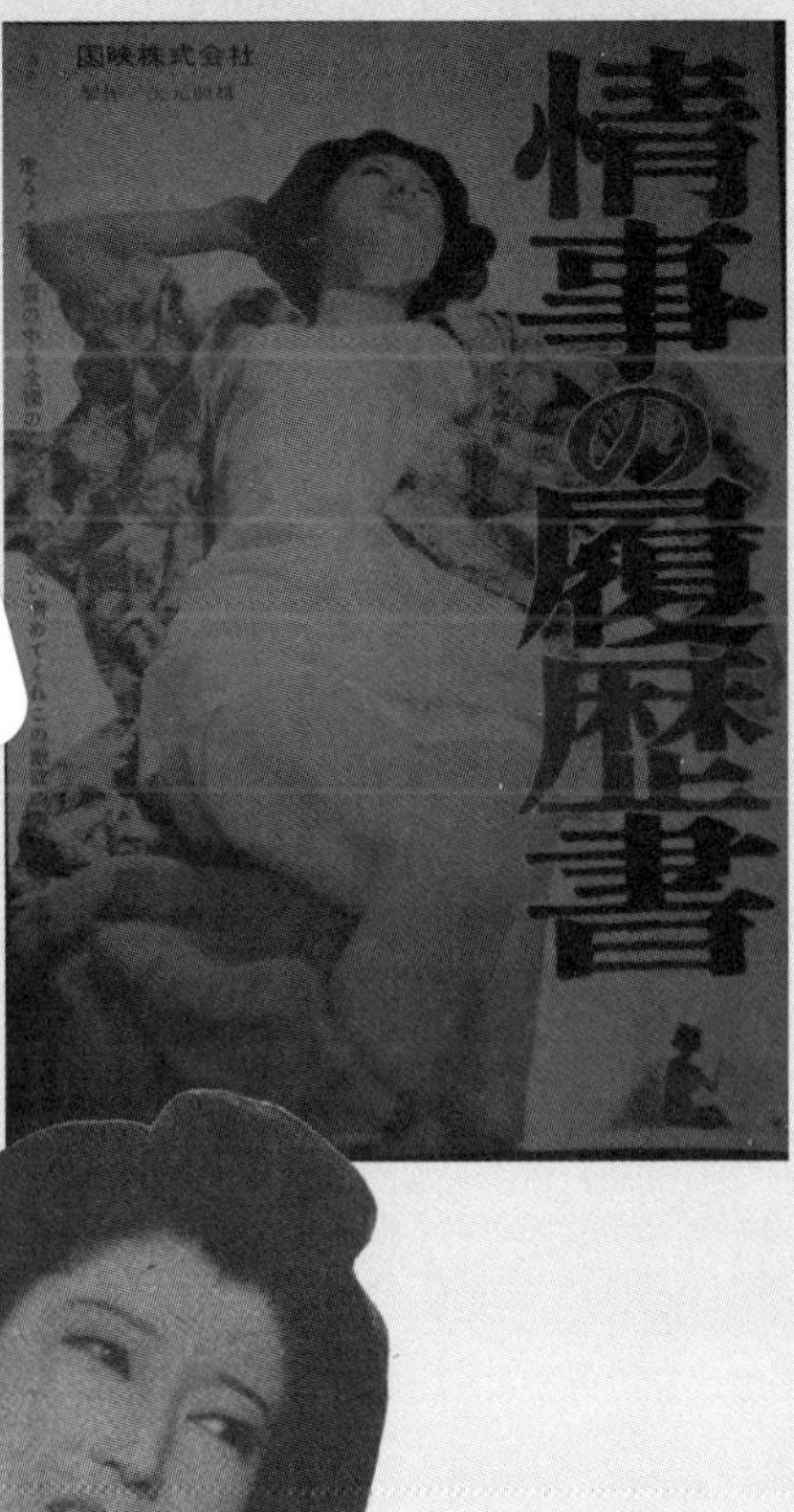

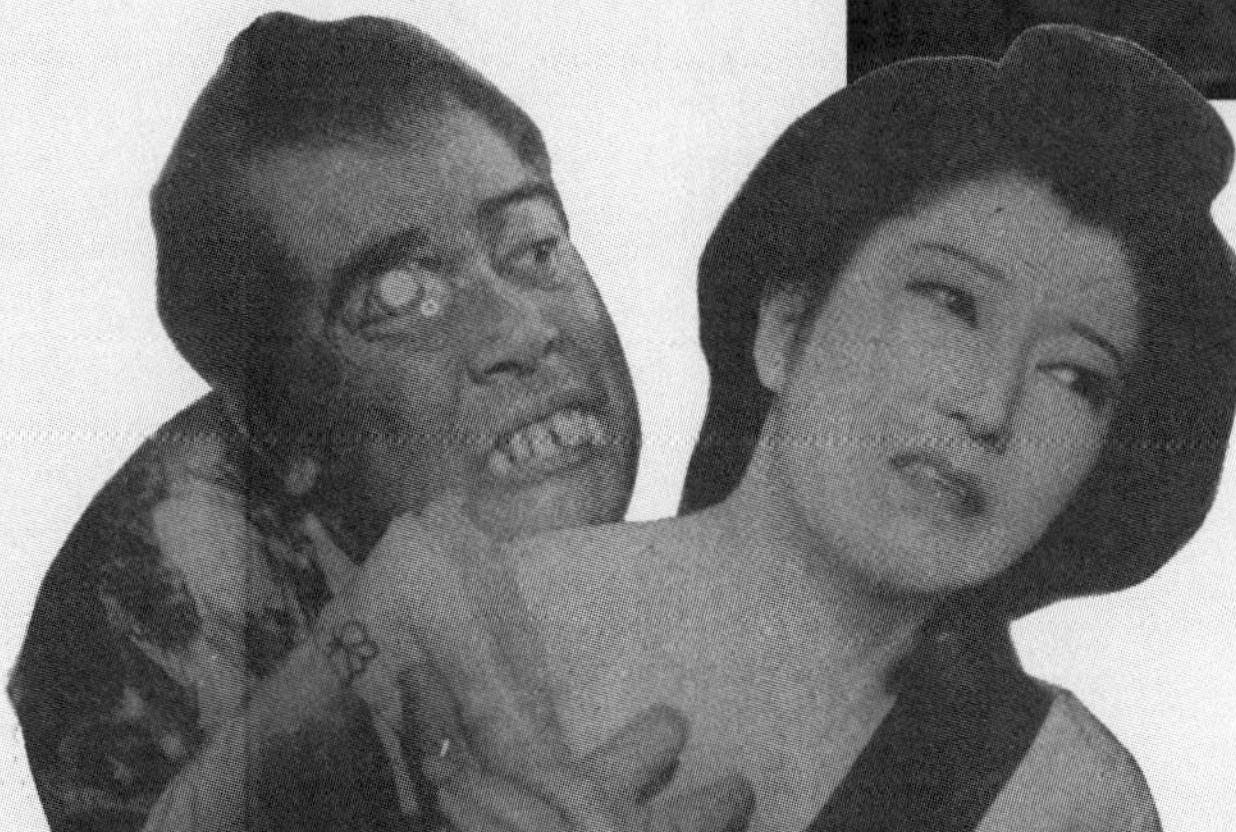

国書刊行会

映画論叢 62 もくじ

『キクとイサム』撮影準備で。左から水木洋子、北林谷栄、高橋恵美子、奥の山ジョージ、今井正〈『脚本家　水木洋子』（市川市文学プラザ）より〉

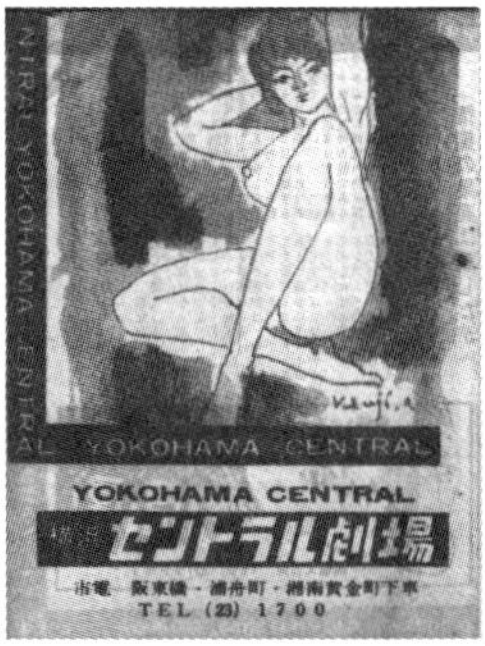

ストリップ劇場のパンフレットより

『黄色いリボン』のミッキー・シンプソン

表紙写真：古池みか

扉写真：（上）若松孝二『情事の履歴書』（65）。脚本・榛谷泰明・曽根中生
（下）『釣天井の佝僂男』の羅門光三郎と入江たか子

プログラムにみる 戦前池袋の映画館あれこれ（上）

冬樹薫

戦前・日本の良き時代のこと――。

時の花形〈活動写真館〉にチケット購入。もぎりさんに出すと、プログラム（以下プロと略）が手に。そのプロ――大きさ縦20㎝・横27㎝のザラ紙。ところが、内容は凄い。上映作品のスタッフ・キャスト・ストーリーばっちり。

プロは毎週手に入る、活動写真も見られる。こんな幸せがありますか、と〈活狂《カツキチ》〉入り。プロは、当時の活動雑誌以上の価値があったのだ。〈活狂〉は、〈プロ収集狂〉となった次第。

そんな戦前、大正・昭和のプロについて、以下御覧ください。

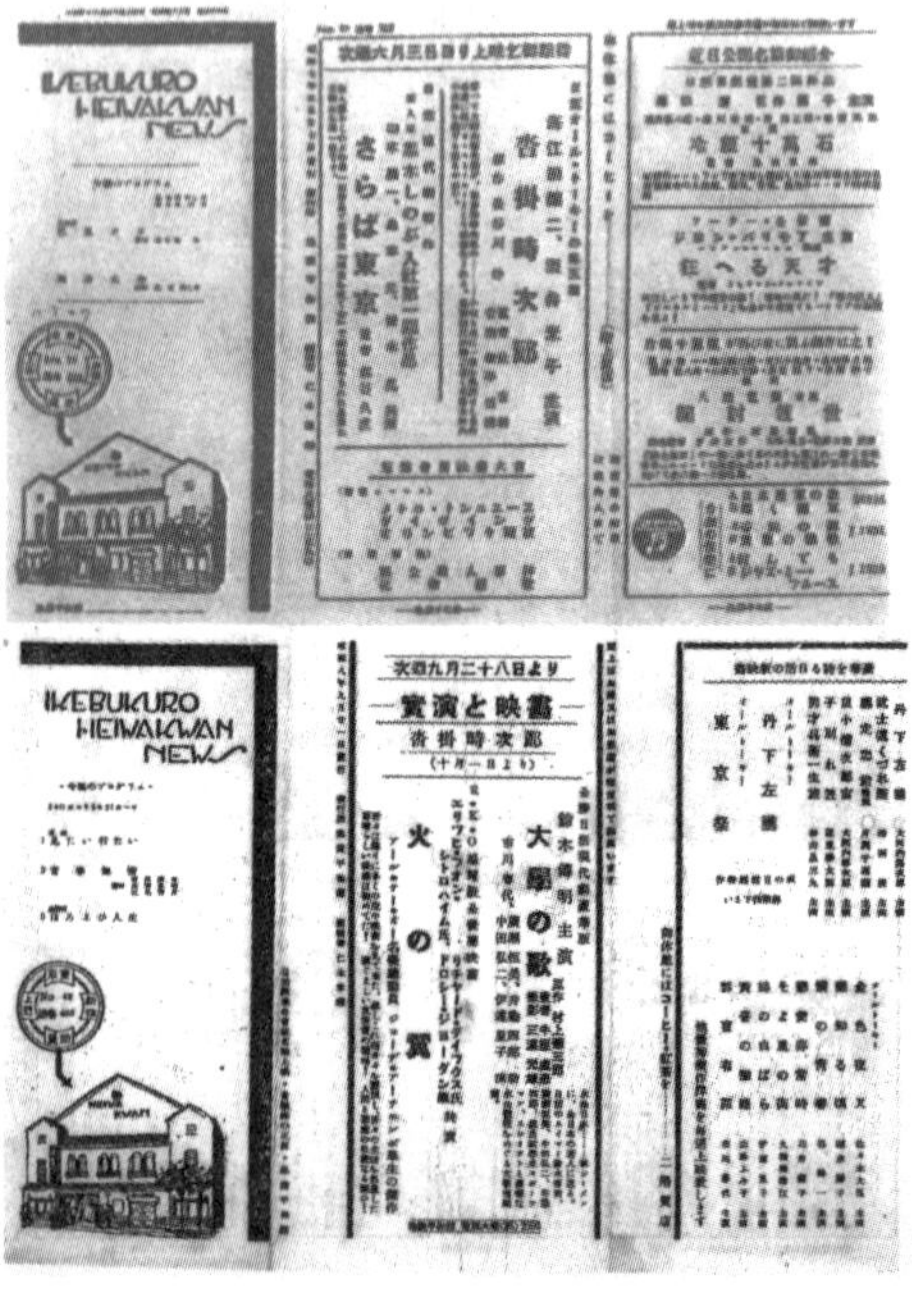

池袋平和館

〈池袋東口駅前〉が、ウリ。大正11年、最古の開館。大東亜戦下（以下、戦下と略）は番線外。吉本興業で実演。桜井潔とその楽団。石田一松が〈のんき節〉で沸かせた。

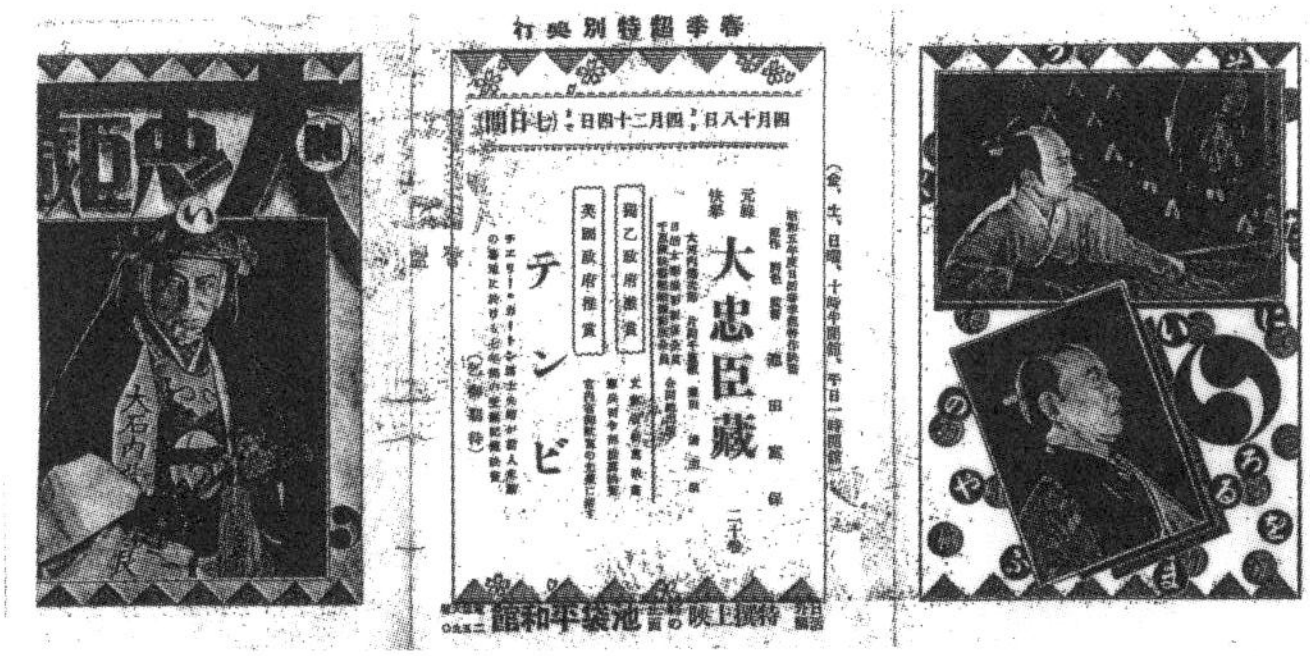

（上）池田富保監督『大忠臣蔵』上映時のプログラムを開いた状態。併映は探険もの記録映画。

右頁も平和館プログラム。（上）海江田譲二の時代劇と黒木しのぶの現代劇が次週上映。近日公開にJ・バリモア『狂へる天才』、伊丹万作『闇討渡世』が。（下）次週予告でR・K・O『火の翼』（今号コラム『珍品ショウケース』参照）。右には日活新作ラインナップ

池袋武蔵野館

武蔵野館のネーミングは、大松竹のトレードマーク。それがなんで駅のはずれに？

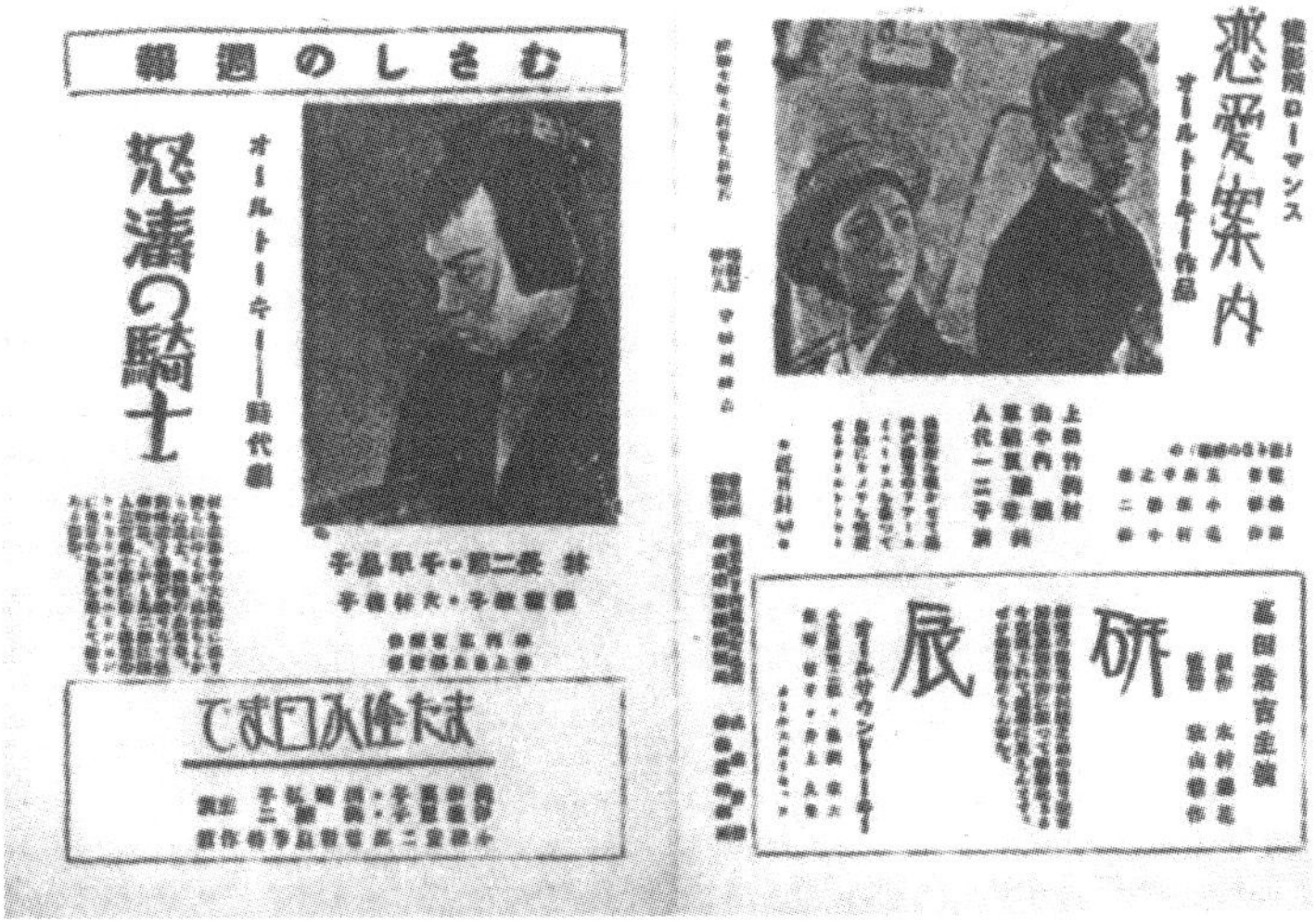

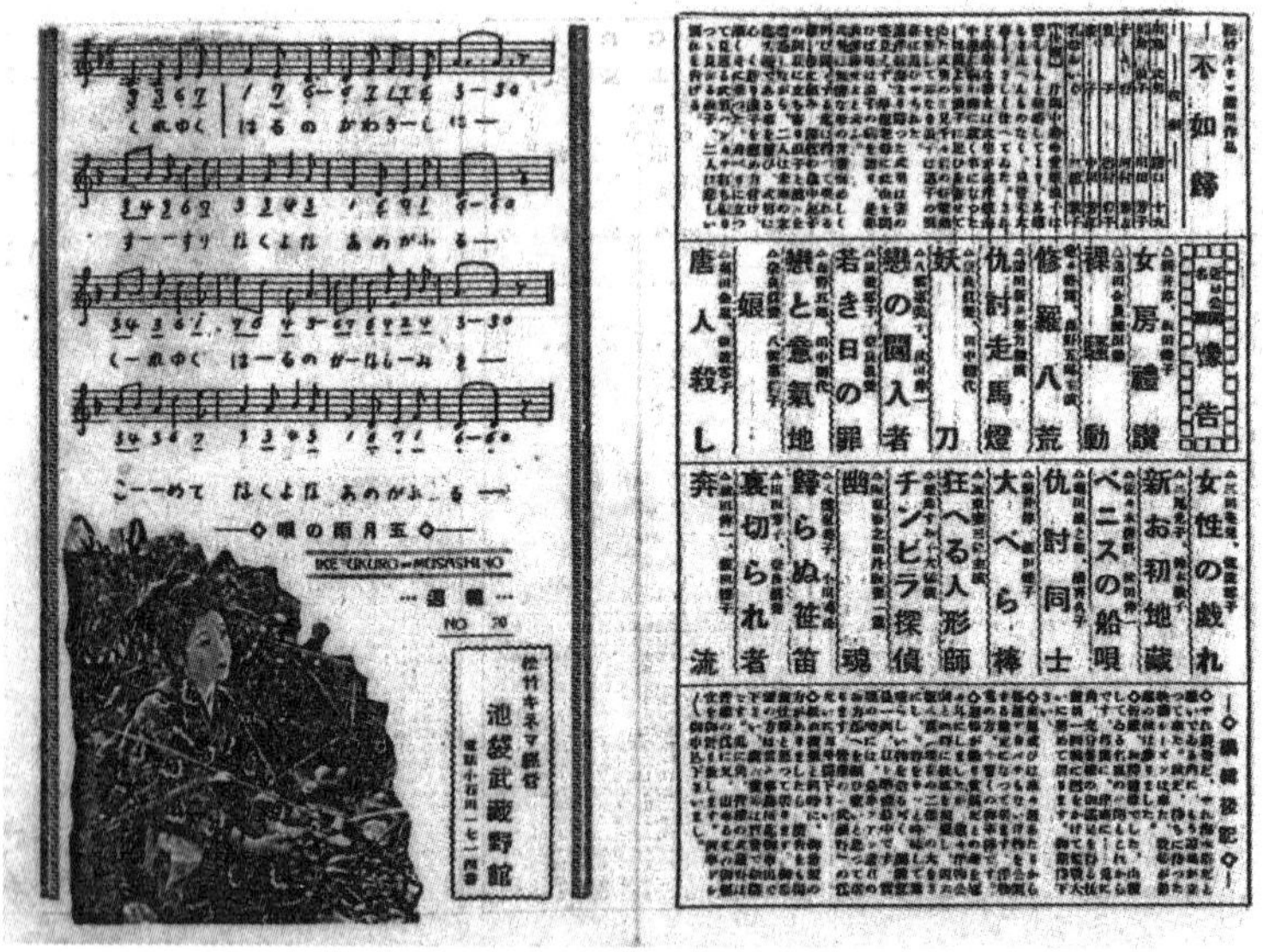

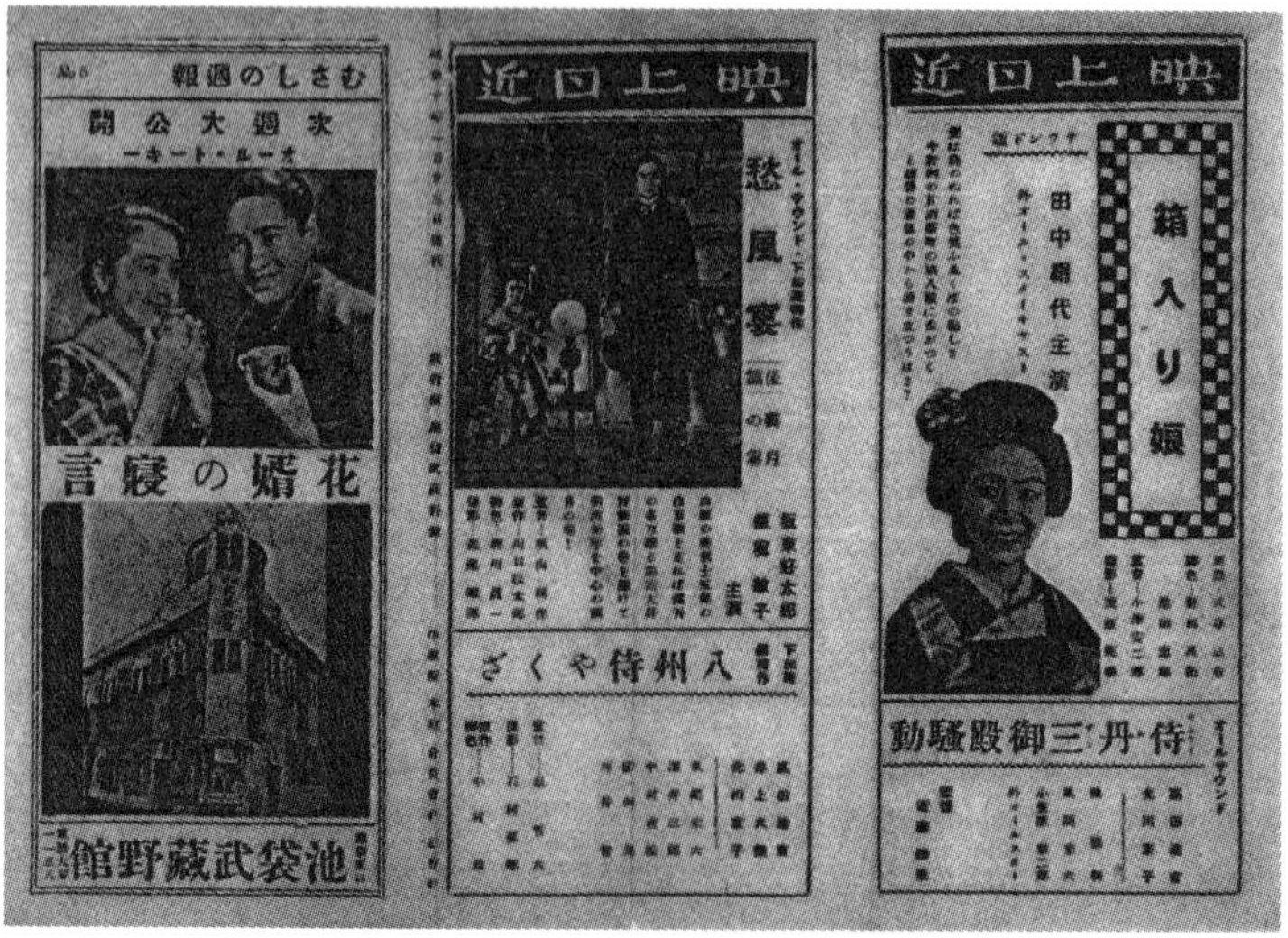

地下道が開通するまでは、西口の繁華街・ときわ通りから、東口へのメインロードだったから——。木造二階建。（ふゆき・かおる）

今では失われた松竹作品がズラリ。栗島すみ子の『チンピラ探偵』だけでも見たいですね

脚本家・水木洋子のXYZへの道・最終回

晩年の状況

奥薗守

今井正の死を追うように

一九七八年、水木が母親の年齢、六十八歳になったとき書いたのがテレビ・ドラマ「こぎとゆかり」（CBC）である。ドラマでは孫娘ゆかりの生活が描かれ、兄からこぎを老人ホームに預けることを薦められる。これをゆかりは拒否して泣きだす。これは、水木の心境を表している。

母親ゑいについて水木は、「私が印象深く思い出すことは、その厳しかった姿である」と言う。心細かく気を配って、身のまわり、食べること、日常のことに労力を惜しまなかった。それは心からの優しさがなければ出来ないことである。べたべたと愛の表現をすることが嫌いなのか、不得手なのか、言葉で可愛がるということをしなかった。黙々と饅頭をつくり、ブランコをつくり、水木にはすべて行動で可愛がられた記憶だけだった。

翌年、「女が職場を去る日」（沖藤典子原作、フジテレビ）が放映された。これは、女性の地位について水木の集大成のようなもので、デビュー作『女の一生』からのテーマである。ここでは、社会の変革がない限り、女性の地位向上はあり得ないと口にした水木の本音が映像になっている。

そして、六十歳を過ぎてから、水木の書くエッセイは子供の頃の思い出が多くなる。

> 私は子供のころ、下町に育ったのだが、いつも思い浮かべるのは、四季おりおりの感触と印象である。
>
> 東京の町の真ん中に暮らしながら、田園や海や山にない季節の訪れを、子供の皮膚で感じたのである。
>
> ビルが立ち並び、住宅街と同じようにブロック塀に取り囲まれている今日、今の子供たちは人口甘味、添加物公認のガムやキャンデーなどを噛みながら、ブリキ製やビニール製の昆虫が欲しくて、その中の菓子はつけたしとして争って買っている。
>
> （「マミール」一九七四年二月号　佼成出版社）

> 私たちの遊び場は公園じゃなかった。町から町、露地から露地、横町から表通り、町の通りは全部遊び場だった。
>
> 下町の問屋、商店の大きな通りで馬跳びもするし、かくれんぼもするし、かごめかごめで輪になって、夕暮れになるまで唱い囃し、隣の町まで鬼ごっこをしながら、露地から露地へ抜け出て走った。
>
> そして日が暮れる頃、角に立ったねえやが、遊びほうけて姿の見えない犬の名前と私たちの名前を大声で叫び「ご飯ですよぅ……」と繰り返すのである。
>
> 寒風の中に、この声をかすかに聞くと子供たちは我にかえって、それぞれの家へ戻るのである。犬もトコトコ必ず帰ってくる。（「酒」

一九七九年三月号　酒乃友社）

いつの間にか三十年、私は今までこんなに永く住んだ土地はない。知らぬ間に根が生えて、今では庭の樹木、果実、花、みんな別れ難い存在になってしまった。市川市といえば幸田露伴、永井荷風、北原白秋等々、故人に愛好された土地としても有名だが、母や近所の方たちが、こんな良いところはない、終生ここに果てると言うのを何気なく私は聞いていたのだが、今ではそれがしみじみとわかる。（「東京新聞」一九八一年二月二十日）

と、書いたのは七一歳のときである。さらに、〈折々私は、足ならしに真間山の弘法寺を訪れる。この日の掲示には〝自身は仏にならずして父母はだれも救いがたし、日蓮聖人御書〟とあった。私は反芻しながら、心の糧となればと思い、山を下りる〉と。

一九八三年一月、水木の書いた芝居やテレビを観るのを楽しみにしていた母・ゑいが他界した。心の支えを失った水木は、執筆活動から遠ざかった。

水木が八十歳のとき、今井正監督との対談で昔話に花を咲かせる。

今井　僕が水木さんをはじめて知ったのは、亀井くんとの「女の一生」のシナリオを撮影所から持って来て読んだときだったかな。なかなかうまい脚本だと思ったよ。

水木　うまいわけないわよ。それはさ、初めて書いた素人にしては、っていうのがつくんじゃない？

今井　いや、水木さんは素人じゃなかったもんね。劇作をしていたでしょ。

水木　あんたよく私みたいな素人を使ったわね。女だからダメだろうって思わなかったの、冒険だったんじゃないの。

今井　僕は女だから、男だからってことではね、判断しないもの。でもね、水木さんの脚本には、今までにないものがあって、新鮮だったのね。それに普通のライターだと書き直しを頼んでも部分的にしか改訂してこない。ところが水木さんは四通りくらい根本的に違う本を並べて持って来て、「今井さん、このうちのどれがいい？」って言う。女性にしては珍しくたくましさを感じさせてくれる人だったね。まあ、とにかく、僕の作品がよかったのは、水木さんのお蔭よ。（映画の本工房ありす編『今井正全仕事』より）

そして、『キクとイサム』の思い出話になる。水木が高橋恵美子に惚れ込んだこと、恵美子でなければ、シナリオを書かないと言いだしたことなど。さらに、撮影中に起きた出来事を――。さらに、あの子は天衣無縫なものを持っていたと懐かしむ。

それから二年後の一九九一年一一月二二日、今井正は他界した。その翌年の二月一九日、杉並公会堂で今井監督を追悼する集会が開かれた。発起人は有馬稲子、いずみたく、伊藤武郎、香川京子、橋本忍、三國連太郎、不破哲三、山田洋次、萬屋錦之介など二十五名の方々が名を連ねている。長年コンビを組んできた水木洋子の名が見当たらない。水木は世を遮断するかのような生活を送っていたのである。

『キクとイサム』撮影準備で。左から水木洋子、北林谷栄、高橋恵美子、奥の山ジョージ、今井正　〈『脚本家　水木洋子』（市川市文学プラザ）より〉

その一人暮らしを案じた友達の高田きみえは、水木に有料老人ホーム入りをすすめた。しかし、ニべもなく断られている。

　それから間もなく、高田は水木の言動が怪しいことに気づく。かねてから〝電話魔〟の定評があって、受話器を持つ手が痺れるほど、一方的に長話がつづくのだが、次第に辻褄が合わない話が混じるようになったからである。今井監督が亡くなったことを話題にしても、一向に反応がなかったという。

　その後、水木は真冬に浴衣着のまま庭に裸足で出ていたのを近所の人が発見し、施設に収容された。ところが、施設の二階から見えるところに柿の木があった。自宅で柿の実を取った記憶が蘇ったのか、柿の実を屋根から取ろうとして転落し、脚の骨を折ってしまった。しかし、怪我の見境もつかない様子だったという。

　このとき、高田きみえは水木を見舞っている。

　丁度夕食の時間で、運ばれてきた不味そうな食事を子供のように食べ終えると、ころりと横になって寝てしまった。あの美食家の彼女が、と悲しかった。怪我が治っていまの特養ホームに移ってから訪ねた時は、車椅子に乗って現れた。昔のおもかげを少し残して穏やかな顔になり、白くなった髪も短くカットされ、衣服も清潔で職員から「先生」と呼ばれて、大切にされている様子が分かり、安堵の胸をなでおろした。（『海丘』第三十四号）

　水木が自宅を離れ養護老人ホームに入ったことを聞いた新藤兼人は、清山荘に赴き水木を見舞った。

　水木さんの部屋は何人かの相部屋だった。わたしがはいっていくと、

ベッドに寝ていた水木さんが、すっと起きて、

「新藤さん、いま何書いてるの」と、はっきりした声で言った。

わたしはドキッとして、「きょうはお見舞いにきたんです」と言った。

だが、もう水木さんは、仰向けになって目は虚ろだった。手も足も肉がなく、いまにも折れそうに細かった。（『シナリオ』二〇〇三年六月号）

老衰は避けがたく、二〇〇三年四月八日、水木は数々の名作を残して、生涯を閉じた。「戦争の体験のない者は勿論、ある者たちも、野蛮な暴力や殺しあいに参加しない勇気をもち、基本的に人間性を失うまいという信念で闘う。これがほんとうの勇気ではないか」「技術の勉強は、ＡＢＣのＡであり、どこまでやってもそれはＡＢＣのＡにとどまるだけの話である。ＸＹＺの道は、自分の全生命をかけた如何に生きるかの探究なのだ。書くこと自体が人間修業でなかったら、その作品からは何の進歩も生まれないと私は考える」と言った水木洋子の言葉は、今も多くの人たちの心に生きつづけている。

完

＊

頓珍漢

今回で〈脚本家・水木洋子のＸＹＺへの道〉の連載を終えましたが、その間、連載を読んだ方から二件、頓珍漢なことを言われましたので記しておきます。

市川市には「水木洋子市民サポーターの会」というのがあって、会は行政と連携しながら、水木洋子の業績を広く顕彰し、市川の文化振興に寄与することを目的にしています。従って、サポーターの会の会則には、目的を達成するための事業として、①水木洋子についての調査・研究　②水木洋子の普及・顕彰事業　③水木邸の管理・運営についての行政との連携などがあります。私はサポーターの会員ですが、その頓珍漢の一つが担当の職員Ｋ氏から「奥薗さんが『映画論叢』に書かれている『水木洋子のＸＹＺへの道』は、サポーターの会とは一切関係がありませんからネ」と言われたことです。〈会員〉の書いたものが〈会〉と関係がない、というのはどういうことか。

それは、56号に掲載した文のなかに、〈――水木にも戦時中に報道班員として南方に派遣された時、恋仲になったジャーナリストがいた。だが、戦時下のことで恋はご法度――二人の仲を引き裂くようにジャーナリストは、日本に送り返された。戦後、二人の文通が始まる〉と書き、手紙の一部を紹介しています。この手紙をＫ氏は「著作権侵害で訴えられたらどうするんですか、前会長は訴えられたんですよ」というのです。訴えられたというのは、初耳でした。他界した前会長は、かつて月刊「シナリオ」誌に、水木が受け取った手紙を掲載しようとして、遺族と話し合いがもたれたことは聞いていました。その話し合いで、「手紙は一

切公開しないで欲しい」という要望を遺族から著者は受けています。従って私は、〈恋仲になったジャーナリストがいた〉と、書いたのです。

　K氏は日本にジャーナリストが幾人いると思っているのでしょうか。しかも、そのジャーナリストの遺族が「それは、私の父です」と名乗り出て、訴えるとでも思っていたのでしょうか。さらにK氏は、「不倫ですよ、恥ずかしいことでしょう」と言う。私は恥ずかしいとは思いません。戦時下での恋愛、勇気あることだと尊敬の念さえ抱きます。それはともあれ、後日、「訴えられた」の発言は取り消しましたが、事実を確かめもせず口にするその軽薄さ。普通の神経の持ち主ならば、裁判の結果が気になるはずです。まして、前会長ですから。他界したとはいえ、何年も放りっぱなしにしていた無神経さに呆れます。

　K氏は降りかかってもいない火の粉を振り払うのに懸命だったのです。会則など眼中にありません。あるのは自己保身。

　しかし、K氏は異動して担当からはずれました。サポーターの会も高齢化に伴う会員の減少等により、解散して新たに出直すことになりましたが、私はK氏が会を潰して遁走したと勝手に解釈しています。

水木洋子

　この〈サポーターの会〉は、年に一度〈水木洋子市民サポーター活動の記録〉を出していますが、その目次のなかに〈市民サポーターレポート〉があります。二つ目の頓珍漢は、そのなかにあるMさんのレポートです。
　その、〈(2) 水木洋子の随筆〉の項目の一部を抜粋さして頂くと――
　蛇足ですが、この意味で「映画論叢」48、49に載ったO氏の書いた「脚本家・水木洋子のXYZへの道1、2」には危うさを覚えました。水木の随筆など水木の主観的記事を文章巧みに繫いで、水木の生い立ちを語っていますが特に彼女の恋愛や結婚については、〈対象となる人の名誉や親族の方の立場〉を配慮して慎重にすべきです。私の調べた限りでは、多額の借金や虚言癖などは別れた夫ではなく別の男性についてのこと。きちんとした考証や裏取りをせずに、水木の一方的なエッセイだけを信じてしまうと、水木の思うツボ。あの世で水木は笑っているでしょう。

と。〈この意味で〉というのは、前段に水木は〈日本演劇協会に提出した履歴書で、生まれた年を大正2年生まれ（本当は明治43年）と書き、長年にわたり3歳もサバを読んで澄ましていたのですから、推して知るべしです〉と書いています。さらに〈女子大から文化学院への転校です。退学でなくて転校？　女子大の卒業生としての直観でした〉と書かれ、別な事実が明らかになったが、〈水木が存命中でありプライバシーの問題もありましたから、発表しませんでした〉と書かれています。

ここから、〈蛇足ですが〉につながるわけだが、〈危うさを覚えました〉とあります。その〈危うさ〉は水木の随筆など水木の主観的記事を文章巧みに繋いで、水木の生い立ちを語っているところにあるようです。

随筆が主観的なのは当たり前のこと、文章巧みに繋ぐのも当たり前。そして、特に彼女の恋愛や結婚については、〈対象となる人の名誉や親族の方の立場〉を配慮して、慎重にすべきです。と、書いています。文化勲章を名誉だと思って貰う人もいれば、断る人もいます。親族の立場も嫁と姑、親と子供など、それぞれの立場で異なることをMさんはご存じないようです。

さらに、多額な借金や虚言癖などは別れた夫ではなく別の男性…とどうして言い切れるのか、複数かもわからない。〈――きちんとした考証や裏取りもせずに、水木の一方的なエッセイだけを信じてしまうと〉と書いていますが、エッセイの考証や裏取りなんて聞いたことがありません。Mさんの最大の誤りは、エッセイと報道記事を混同していることです。主観で思いのまま書くのがエッセイで、裏取りが必要なのは、報道記事です。従って、〈一方的なエッセイだけを信じてしまうと〉というのは、次元の違う話で、元々エッセイは一方的なものなのです。ですから、〈水木の思うツボ。あの世で水木は笑っているでしょう〉と書いていますが、何を笑っているのか分かりません。これを、頓珍漢と言わずして何というのでしょう。

それは、前段の〈長年にわたり3歳もサバを読んで澄ましていたのですから、推して知るべしです〉にも同じことが言えます。サバを読んでいたのは、演劇を始めてから結婚までの期間でしょうから7、8年です。7、8年が長いかどうかはさておいて、〈3歳もサバを読んで澄ましていた〉と言い切ってますが、どうして澄ましていたと言い切れるのでしょうか。忸怩たる思いをしていたかも知れないし、若い方がいいからと軽い気持ちだったかも分かりません。従って、〈推して知るべし〉と書いていますが、何を推して知るべしなのか。

とにかく、文章は人に伝えるために有ります。何を書いているか分からないのは、文章とは言えません。

（おくぞの・まもる）

時代劇に怪奇性を求めて　第一回

『釣天井の佝僂男』をご存知ですか？

二階堂卓也

笛吹童子の昔から旗本退屈男、鞍馬天狗、宮本武蔵、眠狂四郎、座頭市など、時代劇のヒーローたちは枚挙に遑《いとま》がないが、私がこのジャンルに秘かに期待しているのは実は怪奇性だ。だったら、怪談があるではないかとの向きもあろうが、これは大体話が決まっているし、極端にいえば面白いのは幽霊が出るまでで、一度登場したら物語は見えてくる。チャンバラが見せ場の時代劇に怪奇や恐怖を求めるのは筋違いと思いつつ、以前から気になって気になって仕方がなかったものの、未見のままだった映画に過日ようやく接することができた。『釣天《つりてん》井《じょう》の佝僂男《せむしおとこ》』（54・荒井良平）である。

1

『釣天井の佝僂男』は一九五四（昭和29）年に大映が黒川弥太郎主演により、〝怪奇捕物シリーズ〟と銘打って3本放った「投げ唄左門」シリーズの2作目で、正しくは「投げ唄左門二番手柄」の前サブがある。ただでさえ不気味な語感を持つ「釣天井」に、ダメ押しの如く「佝僂男」と添えたタイトルに胸ときめかせ続けて幾星霜（!・）、期待はいやがうえにも高まるというものだ。

——江戸で棟梁以下大工16人が行方不明になる。家族が騒ぎ出し、願掛けの娘が殺され、重傷を負って息も絶え絶えで帰ってきた大工の一人も絶命。暗躍するのが髪茫々、右目に眼帯、歯を牙のように剝き出し、両手の爪先が鋭い鉤状になっている佝僂男だ。脚本の高岩肇と監督の荒井良平は、この化け物のような怪漢を出し惜しみせず、冒頭から夜の闇に跳梁させる筋の運びがいい。やがて、大工たちを雇った作事方（幕府公認の土木請負人）まで殺される。

事件解決に乗り出すのが立花左近。北町奉行（香川良介）の叔父がいながら、武家の堅苦しい格式を嫌って気儘な長屋住まいをしている男で――初期の「旗本退屈男」みたいだが――前将軍の後室祥光院を妹に持つ三浦哲翁（大邦一公）が下総関宿藩々主の松平大和守（杉山昌三九）と結託、現（十一代）将軍家斉を抹殺し、ゆくゆくは妹が産んだ重義を次期将軍に据えて天下を取らんとしていると知る。

私は一九五〇年代の大映の時代劇をろくに見ておらず、特に脇役をほとんど知らないままきたのだが、剃髪で登場する大邦一公は、いい味を出している。一九六〇年代の東映の時代劇で何度か見ているが（移籍したらしい）、これほど重要で印象に残る役はなかったように思う。その内縁の妻らしいお滝役が『怪談佐賀屋敷』（53・荒井）などで、化け猫女優として名を馳せた入江たか子なのもゾクゾクさせる。

しかし、この映画を動かすのは人間たちではない。家斉の来訪を絶好のチャンスと睨んで、謀反一味が秘密裏に関宿城の大広間の天井に施す「釣天井」だ。監禁状態で工事をする大工たちが不穏な気配に落ち着かず、何やら企みを察した棟梁（南部彰三）が仕事を急がせる侍たちに「こんな普請は初めてで…」などと、完成をわざと遅らせ、職人たちにこっそり逃走用の抜け穴を作らせているあたり、脚本はきめ細かい。ゴタゴタした仕事場の情景にも手抜きなし。

釣天井の〝実験〟シーンも見どころだ。広間の背後には鉄製の歯車が設置されて、把手を廻すと天井全体がグ、グ、グ……と降下してくる。一旦止まるが、「次に把手を廻すと、一気に落下します」という棟梁の説明に納得感心する大和守以下悪役たちの表情がいい。脱出しようにも柱の隠し穴の鎖を引くと、仕切り壁が出てきて退路を塞ぐ念の入れ様。このセットも想像以上によくできている。

2

興趣満々の見せ場はまだある。着々と進む計画に上

機嫌の哲翁は、子飼いの佝僂男（隼一角なる役名がある）に褒美を取らすという。ニタリと笑った一角は女を所望。こっそり耳打ちしたその名は何とお滝だ。さすがに目を剥く哲翁の反応もまたよし。

　鏡台に向かっていた彼女は無遠慮に挑んでくる一角に「キチガイ！」（発声ママ）「化け物！」と叫んで抵抗するも、揉み合ううちに相手の眼帯が外れ、右目が白い義眼なのに驚愕して失神。彼女を肩に担いで姿を消す佝僂男。いや、実にケッコーな見せ場だった。

　異様なまでのメイクと扮装の一角役は羅門光三郎。戦前は時代劇のトップ・スターの一人だったというキャリアを知っている人は驚いたのではないか。プレスシートの惹句に〝人か魔か！　夜の大江戸を恐怖のルツボに叩き込んだ醜怪の淫獣が遂に姿を現した！〟とある。俳優自身、後年左目を負傷し、義眼（入れ目）をしていた由である（『日本映画俳優全集・男優編』キネマ旬報社）。

　家斉一行は関宿城に出立。左門は哲翁の屋敷に乗り込むも陥穽に嵌って囚われの身となるが、ピンチ脱出。妹のさよ（阿井三千子）を情欲の餌食にせんとしていた哲翁を斬り捨て、駆け付けた叔父と共に馬を飛ばし、クライマックスへと雪崩れ込む。将軍歓迎の宴、大工たちの脱出。そして、斬り合いから鉄砲隊の銃弾炸裂までである乱戦の中、把手を廻す一角。ズルズル降下してきた怪天井は、やがて轟音と共に落下。果たして将軍や左門たちの運命は――。

　音沙汰がない大工たちを心配する家族が「奉行所に訴える」と、何度も話し合い、その都度、左門が「待て、待て」と牽制する場面にイライラしたのは私の気性にしても、いささかくどく、もっと要領よくできなかったかと残念だ。二組の岡っ引きのドタバタぶりがあまり笑えないのも難点だが、釣天井という突飛にして前代未聞のからくりを素材に、多彩なキャラクターを配して飽きさせなかった。

将軍一人を殺すのにソコまでやるかというのは屁理屈で、こういう怪建築の仕掛けは大袈裟なほど効果がある。娯楽映画はこれでいいし、またそうあらねばならない。人々が行き交う江戸川の渡しのロケ効果もよく、撮影にそれだけ時間を取っていた時代だったのだろう。

それまで俳優事典などの顔写真でしか知らなかった羅門光三郎の化けっぷりは見事だった。かつては会社を背負って立っていた人気スターが戦後役柄をガラリ一変した例は現代劇の二枚目役が多かったという岡譲司（53年まで譲二）にもいえようか。自らの原案による（本名中溝勝三名義でクレジット）『鉄の爪』（51・大映）では獣人ゴリラ男に変身し、江戸川乱歩原作の『蜘蛛男』（58・新映画＝大映）では凄い怪メイクを見せた。『遊星王子』（59・東映＝二部作）の悪玉まぼろし大使役の付け鼻と扮装は珍とすらいっていい。

ここらは俳優たちも単なる役作りというより、撮影中は案外楽しんでいたかもしれない。昔の小学校の学芸会の扮装はともかく、今はアニメやゲームの影響か、コスプレ・コンテストなど盛んなのは、人間に多少なりとも潜んでいる変身願望というやつか。

黒川弥太郎が歌う「♪夢を見なされ楽しい夢を　夢は誰でもどなたでも」との投げ唄は左門登場の際のテーマ・ソング。巻中では飴売りに化けて「♪エー浮気したとて怒りなさんな　元はそちらの浮気からトコ浮気から」と、高田浩吉ばりに一曲披露も歌唱はお世辞にもうまいとはいいかねる。「快傑黒頭巾」シリーズ（53〜60・東映）で手風琴を奏でながら「書生節」を歌った大友柳太朗のほうがはるかに上だ。

付記しておけば、シリーズ1作目（前サブ省略）の『死美人屋敷』（荒井）はミステリ色が濃過ぎて、殺人事件のタネ明かしもスッキリしない凡作。3作目の『覆面髑髏隊』（加戸敏）は、甲州の山奥の洞窟を本拠に天幻地霊教なる邪教集団がマントに髑髏の仮面をつけて出没、巨大なバギラ神像が鎮座しているところに怪奇趣向が垣間見えたものの、冒頭だけで尻すぼみ。結局は由比正雪の孫娘や遺臣たちによる低調な反乱劇だった。

3

佝僂は特異なキャラクターに違いないが、往時の時代劇には珍しくなかった。大抵は悪玉の配下の一人で、台詞はあまりない代わり、そこらをうろついている下端《したっぱ》侍たちより、ずっと存在感があった。その異形ゆえである。メイクと扮装をフルに駆使した一代の怪優、団徳麿に記憶があるのは例えば『百面童子』(55・東映＝四部作)におけるせむしの太郎丸。『旗本退屈男・謎の紅蓮塔』(57)では眼帯着用で登場し(役名は片目の伝次)、それだけでは足りず(?)、顔のあちこちにでかい疣があり、右手が不自由、しかも跛行という懲り様だった。

月形龍之介主演の東映「水戸黄門漫遊記」シリーズ(54～60＝14本)の6作目『幽霊城の佝僂男』(55・伊賀山正光)は伊達騒動の後日譚で、ここに姿を現す佝僂男は野望潰えた原田甲斐の遺児、大輔が復讐鬼と化し、暗躍するための変装の一つ(左眼が潰れている)。演ずる坂東簑助(のち八代目坂東三津五郎)、歌舞伎の早変わりとまではいかないが、一人四役だった。

一九七五年にフグ中毒死した時は新聞にデカデカと報道されたのを覚えている。「フグに当たったんじゃない。バチが当たったんだ」と親父がニタニタしていたのは、フグ料理などめったに食えない庶民のやっかみか。

鶴田浩二の「眠狂四郎無頼控」シリーズ(56～58・東宝＝3本)の1本に槍と刃を組み合わせた奇妙な得物で狂四郎と渡り合う佝僂が出てきた――と、これは小学生だった頃の疎《うろ》覚えで、2作目『円月殺法』(57)ではなかったかと思うが、もはや記憶定かでない。丹波哲郎がやはり眼帯(左目であったか)をして演じたのが『白蠟城の妖鬼』(57・新東宝)。これも変装で、最後に意外な正体が判明する。

コメディ時代劇として供された『南蛮寺の佝僂男』(57・大映＝斎藤寅次郎)はポスターしか知らない。そのコピー〝酒嫌いの薬をのみすぎて、見る見る醜怪なせむしになった男の世にも奇怪な復讐物語〟はそのまま梗概になりそうだ。主演はアチャコで、薬を調合する医者役は堺駿二。当時の人気歌手鈴木三重子、田端義夫が出ている。タイトルは同年一足先に公開されたV・ユーゴー原作の『ノートルダムのせむし男』(仏・56＝J・ドラノワ)の捩りだろう。

4

戦前には『延命院の佝僂男』があった。延命院といえば、江戸時代、日潤なる色男の住職が市井の女たちばかりか、大奥女中たちとも次々に関係を持っていたという大醜聞を起こした日蓮宗の寺として伝わっている（日暮里にある寺が、それらしい）。後年（明治11年）、河竹黙阿彌が、このエロ坊主を日当と改め、歌舞伎の台本に仕上げたほどだが（「日月星享和政談」）、映画の内容は詳らかでない。

ＪＭＤＢに監督内田吐夢、撮影円谷英二、１９２５年公開とある一方、未封切りとする資料もある。『色競べ五人女』（58・新東宝）や『女犯破戒』（66・東映）の元ネタもこれ。

外国映画で覚えているのは18世紀のブルボン朝を背景にした『城塞の決斗』（仏・60＝A・ユヌベル）。放浪の剣豪ジャン・マレエが禿げ頭のこれに変装して陰謀一味に接近する件《くだり》がある。原題"Le Bossu"の意味は「せむし」で、P・フェヴァルの原作小説のタイトル踏襲。本国では古くから人気がある剣戟もので、その映画化の1本『血の仮面』（44＝J・ドラノワ）は我が国で１９４９年に公開。度々テレビ・シリーズにもなった。『愛と復讐の騎士』（97＝P・D・ブロカ／DVD）も同じ原作から。

イタリア語で"gobbo"というのは『汚れた英雄』（60＝C・リッツァーニ）の原題"Il Gobbo"で知った。せむしの若者アルヴァーロがローマを占領したナチスに反抗し、戦後ギャングになって射殺されるまで。本国では八億八〇〇〇万リラを稼いだヒット作（同年興収9位）。英語"hunctback"は『夕陽のガンマン』（65＝S・レオーネ／英語版）で背中に瘤のある悪党クラウス・キンスキーがそう呼ばれたことで覚えた（綽名である）。

欧米のホラー・ムービーにまで手を広げる余裕はないが、たまたまYou Tubeで見た『フランケンシュタイン』（米・31）には塔に籠って奇怪な実験に勤しむ博士の助手フリッツ役として早くも登場した。

今でもメディアは身障者や職業表記に慎重だが、私は雑誌社に勤めていた頃、いわゆる言葉狩りを体験している。「盲」を「目の不自由な人」に、「百姓」を「農民」に置き換えるアレだ。「ゆたかな日本語をめざして・差別用語」（汐文社）は必携だった。その伝でいうなら、「せむし」は「亀背」。医学上は脊柱後彎で、俗に佝僂病といった。近年、先のユーゴーの小説は原題（「ノートルダム・ド・パリ」）で表記されているようだが、ロシアのP・エルショーフの童話『せむしの子馬』がそのままなのはポニーだからか。いつだったか、テレビのニュース字幕に鉱山労働者が「鉱員」と出たのには驚いた。

5

さて、釣天井といえば何といっても史実にある宇都宮釣天井事件が有名だ（一六二二年）。二代将軍秀忠が日光東照宮（家康の霊廟がある）参拝後に一泊する予定だった宇都宮城に不審な動きありとの知らせが幕府に入り、秀忠は急遽宿舎を変更。不審な動きとは大量の鉄砲入荷、石垣の補強や新殿造営などで、その中に将軍の寝所の天井改装もあったという。藩主の本多（上野介）正純の弁明に幕府は一応納得したものの、疑念は最後まで晴れなかったようで、のちに上野介は改易（領地没収）の末、流刑（一種の追放）となった。

ここから巷間あれこれ噂、揣摩臆測飛び交い、将軍暗殺、からくり天井といったセンセーショナルな話題が先行し、瓦版や草双紙（庶民の通俗読み物）、あるいは歌舞伎や講談の演目として継承されていったものらしい。

もし、瓦版業者や戯作者たちが天井改装を釣天井という奇想天外のアイディアとして把握咀嚼し、天下を震撼させる虚実皮膜の陰謀劇として仕上げたとしたなら断然評価したい。そうでなければ、伝説となって後世まで流布したはずがない。無声映画時代には格好の素材になって、10本も作られた（JMDB）。

その初のサウンド版『宇都宮釣天井』（37・石山稔）の雑誌広告が手元にある。この拙稿のため、恐れ多くも(?)本誌主幹が入手してくれたものだ。惹句を一部引用すれば、〝大都映画超特作大時代劇全発声お盆映画〟〝妖気みなぎる謎の釣天井！　戀あり剣あり奸臣あり！　百花乱れ咲くスタアの活躍!!　一大お家騒動が大都の銀幕に華々しく登場する!!〟――。ここでは将軍は家光(三代目)になっている。

梗概を読んだ限りでは、主人公は本多上野介（阿部九州男）で、家老の河村靭負《ゆぎえ》と謀って、家光の代わりに駿河大納言（家光の弟・忠長＝水島道太郎）を擁立せんとする。大工たちの使役と犠牲がある一方、妻の諫死、老僕の殉死に苦悩する上野介の姿も描かれ、最後は自刃して果てるまで。阿部九州男は石川八右衛門(家光を助ける侍)との二役。東映のでっぷりした悪役しか知らない身には信じられないが、彼は彼で大都のスターだったという。

この事件の自由な脚色だった『釣天井の佝僂男』には、釣天井〝落成〟の報告を聞いた哲翁が「宇都宮でならずして百有余年、後の世に真似をする輩がいても困る」と、その設計図を燃やそうとする場面があったが、『怪異宇都宮釣天井』（56・中川信夫＝新東宝）はやはり家光の東照宮行きが決まったその百有余年前、妖雲たなびく宇都宮城下に隠密の利根柳太郎（小笠原竜三郎＝のち省吾）が一足先に内偵のためやってくるところから始まる。

6

城内では大工や職人たちが普請に駆り出されている。上野介（江見渉＝のち俊太郎）と河村靭負（江川宇礼雄）は、駿河大納言を担ぎ出して政権を握らんと密儀を重ね――と、大筋は大都版とほぼ同じだが、上野介はやや弱腰のキャラになっている。陰で協力する悪徳商人鍵屋に三島雅夫、その用心棒に丹波哲郎、家光役は沼田曜一と、なかなかの陣容ではある。

ただ、内容は大工の棟梁（岬洋二）の娘を鍵屋が拉致したり、柳太郎から密書を託された同僚の隠密があっさり斬られたり、飲み屋の女将がやたら出てきた挙句に殺されたりと、主人公そっちのけの展開になっているのはいただけない。大谷石の切り出し場面や石垣工事は史実の再現と思うが、ストーリーにあまり関係ない。野育ちの娘が、どこぞの城主のご落胤と判明するエピソードも同じ。

そもそも、肝心の釣天井の不気味さが出ているのは徐々に降下してくる冒頭のクレジット・シーンだけで、それが建造されていくプロセスも仕掛けの具合も大映版に遠く及ばない。この映画に求めた怪奇性への期待はまんまと裏切られた。監督は名にし負う中川信夫だから、よけいガックリきたのである。

もっとも、この監督が新東宝で一連の怪談・怪奇映画を放って評価を得ていくのは『怪談累が淵』（57）以降だから、裏切られたと思うのは我ながら見当違いも甚だしいのだが、映画をすべて公開順に見るわけにはいかないし（接したのは『釣天井の佝僂男』よりはるか以前である）、この場合はなまじ「怪異」などと頭にあるから、殊更先入観を持ったのだ。

これは怪談好きの社長大蔵貢独断の命題ではなかったかと想像する。およそ3か月前に公開された義民の悲痛な物語が『怨霊佐倉大騒動』（渡辺邦男）だったから、それくらいはやりかねない。磔刑になった宗五郎（嵐寛寿郎）の亡霊が現れるのだ。

反面、「怨霊」や「怪異」に惹かれて映画館に入った人も少なくあるまい。興行師上がりの社長の商才だろう。本作では殺された棟梁が井戸から出てくるシーンがさすがに怖かったけれど（怪談めいたシーンは大都版にもあるらしい）、〝怪異〟は釣天井であってほしかった。

釣天井は完成。大工たちは毒殺され、鍵屋と用心棒は金をめぐる争いの末に共倒れ。恐るべき計画を察知した柳太郎のご注進に将軍は「小賢しいことを。宇都宮十五万石など踏み潰してくれる」と気概を示し、歓迎の広間で舞を舞う。

時、きたれり――支えていた梁の綱を切るや、天井は関宿城のそれと違い、大音響とともに一気に崩落。粉塵舞い上がる中での絶叫と混乱は派手な見せ場に仕上がったものの、あっけないのが玉に瑕。出来は大映版のほうがはるかに上だ。主演者の立ち回りなど目を覆いたくなる。DVDが怪奇調で売られているが、未見の人はどうか私のような先入観は持たれぬよう。

『旗本退屈男・謎の暗殺隊』（60）の〝ミニチュア版〟については本誌（56号）既述の通り。大東映にしてはせこい真似をしたものだが、このシリーズの主役はあくまで御大右太衛門だから仕方がない。「水戸黄門漫遊記」シリーズの7作目『怪力類人猿』（56・伊賀山）は、やはり宇都宮事件を下敷きにしているが、釣天井はテーマではないので他日を期す。

＊

巷間の俗説であれ、嘘っぱちであれ、釣天井の謎と興味が尽きないのは畢竟、その仕掛けが設置された場所が城の大広間の天井だったという突拍子もない意外性からだ。今からでも遅くない、宇都宮観光協会は城址公園の一角にこれを再現すべきではないか。

建築工学の専門家と電気技師を呼んで、工務店から職人を何人か集め、二〇畳ほどの和室の天井がスウィッチ一つで徐々に下がるようにする。見学だけでは面白くないから、芸者衆など呼び、2時間ほど宴会を開き、さて、それが作動する時間は伏せたまま、一晩宿泊してもらう。おそらく寝るどころではないだろうが、それも一興かと。誤作動で全員圧死なんてことになったら大変だが。

（にかいどう・たくや）

熱風の国で

マライ映画の定義

川喜多英一

小出英男『南方演藝記』（新紀元社　昭和18年刊）

60号で紹介した海音寺潮五郎のマライ映画記は、支那映画が大半だった。マライ現地人の映画は退屈だから、と数本で見物を止めたわけ。そこいくと小出英男は違う。新興キネマの脚本家として製作の実際を知る彼には、マライ映画の後進性が興味の中心になるのだ。

マライ映画　『ブウジウカン・イブリス』

マライの映画会社は（昭和十八年の時点で）二、三年前に揃って出来た。マライ語が通じる場所だけで上映するからプリントは三本しか作らない。製作費は八千円〜一万円どまり。これ日本なら、三、四千尺の小物喜劇の予算。ロケは近所で済ます。セットも廉い。なにせ一般住宅がニッパ椰子葺きのコヤだもの。録音装置もカメラもセコハンかバッタもの。

こんな低予算なのに、何故か不必要な画面が多い。それは一度撮影したフィルムは、勿体ないからと全くカットせずに繋いじゃうから。『アラン・アラン』（雑草の意）という作品は、恋人たちと横恋慕する悪漢の単純な話なんだが、尺は十巻。日本式に編輯したら五巻で済む話だ。

ダヴィングが使用されていないのも特徴の一つ。人物が台詞を喋っているとき音楽が流れてくる、という二つの音を重ねてフィルムに焼き付ける手法を使わない。ために科白の間は音楽が止まり、音楽が聞こえているとき人物は沈黙する。これまた予算削減で尺が伸びてるのだ。

格闘シーンが多いことは、海音寺はじめ徴用作家たちが口を揃えるところだが、迫力は皆無。お互いの怒りが盛り上がってゆく表現などなく、突発的に開始される。そして無表情で、バッタの跳びつき合いみたいに、何度もぶつかっては離れて、を繰り返すだけ。実見した町中の喧嘩もこうだったそうだ。小出は此処で、当地特有の狂気病「アモック」と関連づける。これに襲われた人間は突発的に誰彼見境なく殺傷するが、発作が収まるとケロリとして暴力の記憶は失われる。当局もアモック中の行為は罪に問わない。当地が舞台のフランス映画『熱風』（F・オツェップ監督・37）も、この現象を取り上げていた（原題が『Amok』）。暴力への感情がまるで我々（及び西洋人）と違ううえは〝バッタの跳びつき合い〟こそが彼らにとってリアルな格闘シーンなのかも。

民族性はファンタジーもの『グナ・グナ』にも言える。醜い男が魔術で美男子になり恋人のいる娘を誘惑。いろいろあって彼はまた醜男に逆戻り。実はこれ全部、娘の見た夢だったというオチ。劇中夢はザラにあるが、一本丸々夢とはね。しかし夢と迷信が深く現実に食い込んでいるマライ人には、無理な設定ではないらしい。そして小出は、マライ映画の特徴に、悲劇を嫌うこと、回教徒なのに宗教臭がないこと、それ以上に製作上「監督の立場が弱い」ことを挙げている。会社幹部は「そんな者、問題じゃない」と笑う。ただの現場監督なのだ。そりゃ作劇法も演技指導も、へったくれもないわけだ。「白人を追い払った以上、マライとビルマの映画は我々が立て直す」と心に誓う小出であった。

小出の完璧主義（？）ゆえか、本書はそのときマライで上映されていた映画の総まとめ、の感を呈している。マライ以外の映画も大量に鑑賞し、解説も懇切丁寧。「インド映画」と一括せず、タミル、ヒンヅウスタニ、パンジャビ、テレグと言語別に分けて論じる。支那映画も北京、広東で別に論じ、不快感を押さえつつ抗日映画を何本も見て、出来の良いところは、ちゃんと認める。タイ、フィリピンからフランス、エジプト、アメリカ（『ダンボ』『風と共に去りぬ』『独裁者』含む）、ついでに兵隊さんに混じって慰問上映のエノケン、ロッパまで見物しちゃう。つくづくスキなんだなあ。

マライで上映された映画は、全部「マライ映画」。『日本映画発達史』の田中純一郎の姿勢を思い出しました…あ、本書の残り半分は演劇篇で、彼の地の演劇は立派なものだから、小出の気合いは映画篇以上。海外からのドサ回りや大道藝人まで言及する熱の入れようだが、筆者のほうが不案内。アジア演劇に興味ある人は一読の価値あるかと思います。

（かわきた・えいいち）

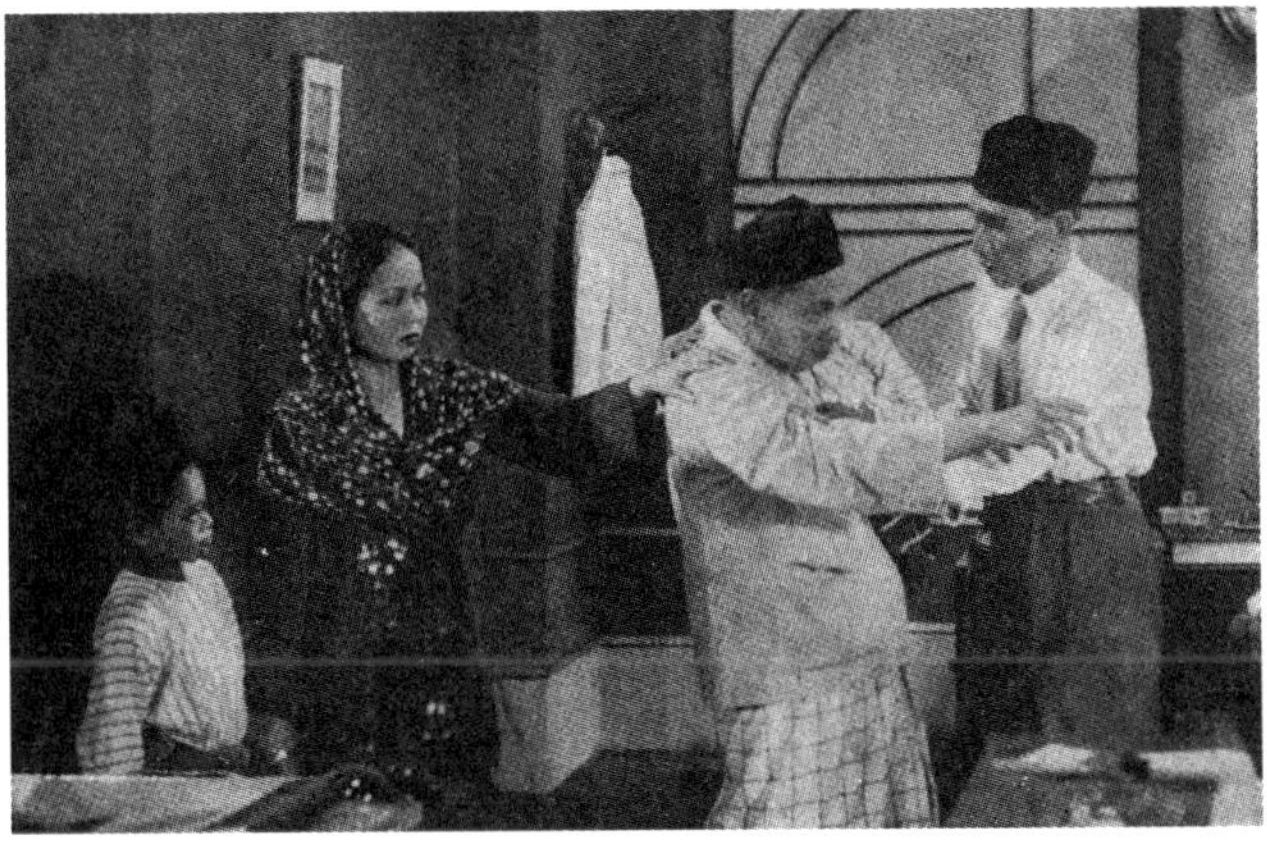

マライ映画　『ハンチヨル・ハテイ』

邪論!・正論!!はた快楽《けらく》!②

グチと見せかけて…

浦崎浩實

『高倉健　沈黙の演技』（野地秩嘉著　プレジデント社　2022年11月刊）を図書館から借覧。これがまァ！

オベッカ本の最たるものか！　賞めるな、と言うのではない。賞めるべく、誇大に記していないか？

〝中村錦之助（初代）〟とあるが、甥っ子の二代目は歌舞伎俳優。映画の話なんだから、錦之助は一人しかいないだろう。ほかのページには萬屋錦之介、とあるから、ひょっとして、この両者が同一人と知らないのかも！（ありえそう……笑）。〝時代劇の御大、中村錦之助、勝新太郎、市川雷蔵云々〟とありしが、錦ちゃん、勝新、雷サマを〝御大〟と？　御大って言やあ、千恵蔵、右太衛門のはずで！

深夜映画でスクリーンに〝異議なし〟って声をかけた学生諸君は「決して最初から最期まで全部見ていたわけじゃないんです。『唐獅子牡丹』の歌声が聞こえてきて、目が覚めると、ちょうど殴り込みのシーンになる。そこだけ見て、掛け声をかけていたんじゃないかな」と降旗監督の発言を引いているが、貧乏学生はそんな勿体ない観方しませんって！　きちんと観てますって！

この〝掛け声〟だが、受動的観客から能動的へと、いわば〝観客革命〟だったのです。時代が少しばかりズレるが、いわゆるアングラ演劇も、観客参加を促した。時代は移り、観客も変りつつあった〝熱い時代〟でありましたッ！

健さまは、セリフを意図的に（不必要と思ったものを）トバシたそうで、例えトバシていても、演じる者はトバシた台詞を身体的に呑み込んで肉化してないですかね？　セリフは絶対ではない、と言っていた脚本家がいられたが、俳優諸氏のセリフ、トバシになれっこなんでしょうね（笑）。健さん限定の〝特権〟に非ず。

スターから演技派へ〝成長〟（?）した高倉健というとらえ方だが、演技派ってそんなにエライの？　高倉健さんがサエなくなった映画じゃないか！　あ、この著者は映画館の大スクリーンと観客のどよめきを（身体的に）知らないんだ。映画館で観る、のとDVDで見る、では大違いでござんすよ。

同書はスチールめいたものが1、2枚、あとは個人写真家による似たり寄ったり写真でごまかしているのも、同書を貧相にしていようか？　映画スチールは今、使いにくくなってるんですね（ナンとかならんか！）。そして健さまのフィルモグラフィは絶対必要でしたよね（手間がかかる〈笑〉）。

ついでながら、巻末の〝参考資料〟に『ムービーマガジン』がないのも遺憾とせねば！　高平哲郎さんによる熱っぽいインタビューがあり、高平さんの単著にも収録されているはずなれど。フィルモグラフィも記載してあったはずで、引き写し、チョーOKなんだから！

『沈黙の演技』の奥付に〝販売〟として7氏の銘記があるのは、極めて珍しいのでは？（オイラ初めて見た）販売って〝営業〟のこと？　あるいは夜店の露台で直売《じかうり》(叩き売り！)の要員とか？

年明け早々、グチっぽくなりたるが、グチは続くよ、どこまでも。

★

ゴダール追悼文を朝日新聞文化欄（2022年9月15日朝刊）で読みしが、書き手は蓮實重彦という御仁。それがグチっぽいのなんの！（上には上あり）引き写すのも気が重いが…

〝ヌーヴェル・ヴァーグ〟の旗手として世界の映画シーンを一新した、は真っ赤な嘘で、日本の黒沢清監督だけが「ゴダール風の映画を撮ることに成功して」おり、他は「ゴダールという映画作家などかつて一度たりとも存在していなかったというかのように」映画が撮られている…云々。黒沢清監督、さぞ晴がましいでせうね？

で、この一文の〆はちゃっかり自己新著のＰＲ。そこへ持っていくべく、苦心の追悼文と思しい。ゴダールがどう世界唯一無二の存在か、その説明、解説はせず、ハッタリ表現のみ。ハッタリは大学教鞭時代の産物か？

ゴダールはともかく、書き手の自分もエラい、とハッタリかましているのだろう。こういうの、虎の威を借るキツネ、とか言うんでしたかな。

ムカシ、松田政男氏（故人、映画評論家）にオイラ、ハスミ先生を〝イナカ者〟と評したところ、なんと反応せしか！

「沖縄・石垣島出身が、ソルボンヌ卒をイナカ者だって！」と冷笑。

体制のマンマですね。体制を撃て！なんて言いながら、と言い返せなかった想い出が、トゲのようになお突き刺してきますヨ。

名優（のはず）渥美清が、ご飯茶碗のへりにくっ付いているご飯粒を指して、「映画評論家って、これよ」と憫笑したらし！（異議な〜し！）右のハスミ先生、編集長を務めた映画誌『リユミエール』は短命に終り、総長の日本映画大学とやらも短命でしたよね。同大は卒業生を出せたのかな！　出したとしてもツブシきかんでしょ！

★

長谷川修という私には未知の小説家の往年の小品「舞踏会の手帖」を偶々読んだ。病床の映画好きの親友につぶさに語るべく、この映画を都合13回観た、と。（ビデオなんてない時代に！）

夫に死なれたヒロインが、かつて自分を慕ってくれた男たちを次々訪ねていくという内容で、希望は過去にしかない、どころか、過去にもない、のだった！　この映画をパクッた『吹雪と共に消えゆきぬ』（1959）も思い出し、観た順序が、こちらの方が先で、素直に心打たれたものだ。

で、飛躍するようだが、どこか名画座が〝パクリ映画大会〟なんて特集してくれないだろうか？

『哀愁』→『君の名は』

『ハムレット』→『炎の城』とかさ！

多彩にありそうだが、銀座の「数寄屋橋こゝにありき　菊田一夫」の碑はまだありますかね？　数寄屋橋は『哀愁』のウォータールー橋になぞらえているのでしたね。ロンドンに初めて行った時この橋にも行った純情なオイラでありゃした！（うらさき・ひろみ）

古池《こいけ》みかインタビュー

父の影を逃れて——東宝女優に

小関太一

「古池みか」という女優をご存じだろうか？
九州の有力者の家庭に生まれ育った彼女は上京し東宝の専属女優になった。
しかし数本の出演作を残し女優を廃業。実に不思議な人生を歩む事になる。
今回は彼女の生い立ちとその後の人生について話を聴いた。

父は大興行師

——ご出身はどちらですか？

古池　九州の福岡です。私の父親は古池慶輔と言い九州は勿論日本中に名前の知れた興行師でした。九州に映画館をいくつも経営していて、更に九州に様々なスターや有名人を招いて公演させた、今でいうプロモーターでした。

父親の父、私の祖父や親戚筋には政治家が多く父もその方面に進むものと期待されていたようですが、父が中学生の時何か腹に据えかねる事があって政治家の会合に日本刀を持って乗り込んだ事がありました。それから父は政治の裏も表も分かってしまったそうです。それ以来周囲は勿論、父も政治家の道には見向きもしなくなりました。そして人を楽しませ娯楽を仕事にしようと決めたようです。

古池みか

——元々は財力のあるご家庭だったのですか？

古池　父の家はフランスから蠟《ろう》を輸入する商売をしてい

て資産家でしたが兄弟が多く遺産はあまりもらえなかったそうです。事業はある事件がきっかけで得た資産で始めました。当時コールタールが入ったドラム缶を運搬していた船が博多湾で沈没するという事故がありまして、どうやっても引き揚げる事が出来なかったのです。そこで父が人を集めてそのコールタールのドラム缶を海から引き揚げるサルベージ作業をしました。当時の金額で20万円を儲けたそうです。それを元手に事業を立ち上げました。「実業は無からなす」というのが口癖みたいな人でしたから実家には一切頼っていません。

それで亜細亜興行という会社を作り映画館を13館作りました。

そして進駐軍が時代劇を禁止していた頃なので、父は自分で映画を4本作りました。四歳だった私を撮影

古池みか。16歳

現場に連れて行って撮影を見せてくれました。俳優さんやスタッフの皆さんが私に気を遣ってくれたのを憶えています。残念ながら今では全て散逸してしまいネガの行方も分かりませんが唯一『阿修羅龍鬼隊　玄界灘の怒涛篇』だけはポジが見つかり傷などを取り除き東洋現像所（現 IMAGICA）で上映可能なメディアに修復してもらい上映会を開きました。今は国立アーカイブに収蔵されています。

「金と命は自分のためにあるのではない」と言っていた父は他人の力で助けて貰うのが嫌で株式を上場しませんでした。他人からお金を出してもらい口を出されるのが嫌だったのです。

——それから興行師として多くの著名人を九州へ招かれるようになったのですか?

古池　はい。力道山や美空ひばりから始まって時代劇のスターや異色な人で阿部定や石原慎太郎といった方も来て頂きました。呼べない人は日本にはほぼいないくらいでした。

この時は山口組の田岡組長といった方たちとのお付き合いもあり彼らを招聘できたのはその力は大きいと思います。当時は興行といったらその筋とは切っても

切れない関係でした。その時彼らと一緒に写した写真が沢山ありますが、それで芸能に興味を持つようになったと思います。それで幼い頃から様々な芸事を習っていました。これは女優になってから役に立ちました。

東京へ

古池　それで小学3年生の頃に当時の大映の永田雅一社長から白羽の矢が立って子役をやらないかという事になって東京に行く事になりました。大映が三益愛子さんや松島トモ子さんの母もので大人気だったころです。

――それはお一人で？

古池　ボードビリアンの小野栄一の家に預けられる事になりました。東京の家には兄もお手伝いのばあやさんもいたのですが言葉を九州弁から標準語に直すために五本木の小学校に通う事に。でもたった三日位で逃げ出しちゃいました。連れてきてくれた母が帰る飛行機の時間に鞄もお金もないままタクシーで向かいました。

――嫌になっちゃった？

古池　小野栄一は腹話術もやるので家には首のない人形やら変な物が沢山あって怖くなっちゃった。それで帰ろうと。地元では校長先生始め盛大な送別会をして送り出してくれたんだから簡単には帰れないと言われてとりあえず東京で話をしようと言われました。だけど「もう二度と東京には行きません」と言って帰っちゃった。それが最初。

――次がある訳ですね？

古池　それが14歳の時。その頃は兄も大学を出て九州に戻っていて東京の家にはばあやさんもいて私は九州から慣れたお手伝いさんと東京に出て来ました。二十歳過ぎるまで監視つきという状態でした。

東宝にしたのは、東宝だけが父の声がかかっていないと思ったからです。

東宝以外の会社はみんなオーナー社長じゃないですか。橋幸夫の相手役で大映なら姿美千子さんとか日活では和泉雅子さんといった人が演じた役を勧められましたがどれも父の影を感じました。それで東宝の演劇研究所を受けましたが、東宝にも声がかかっていた気がします。他の人は試験が五回あったのに私は一回だけでしたから。

それから一年間はみっちり勉強しましたが、子供の頃からある程度の習い事をしていたので成績は優秀で卒業しました。

私が憧れていた女優さんは『黒い画集　あるサラリーマンの証言』の原知佐子さんと『早乙女家の娘たち』の田村奈巳さんでした。原さんは煙草の吸い方が格好良くて。あまりキャピキャピしてる方より文芸路線の女優さんが好きでした。彼女たちは私の審査員でもありました。

卒業後、配属を決めるための歌や踊りの審査が最初はみゆき座であって、黒澤監督も審査員でいました。全部で23人いましたがそれぞれ映画やテレビ、舞台といった割り当てをされました。映画は難しいんですよ。その時私は菊田一夫先生に呼ばれて「君の踊り、歌、演技は映画じゃ出せないよ。これからミュージカルってのをやるから来ないか?」って誘われました。

その頃の私は菊田先生が何者だか知らなかったので私から見たらただのおじさんでした。それで母と相談して「どうする慶子ちゃん(本名)、菊田先生がああ仰ってるんだから?」と言われたんだけど私は映画が最初から希望だったので断りました。これが良かったのかどうか分かりませんが、知らないおじさんとしか思えなかったから、菊田先生が。

映画女優

――それで恩地日出夫監督の『素晴しい悪女』がデビュー作になるのですか?

古池　これは全然記憶にないです。クレジットはされていますけど憶えていない。

当時は研究所に所属しながら仕出しとして呼び出されてエキストラのような名前の出ない役をしょっちゅう演じてましたから。

――次が川島雄三監督の遺作になった『イチかバチか』ですが。

古池　これは憶えています。看護婦の役で、蒲郡弁で喋らなきゃいけなくてかなり練習しました。川島監督は選り好みが激しくて目つきがキツいのでスタッフがピリピリしていた記憶があります。でも私には優しくて蒲郡弁にも別段注文をつける訳でなく「それでいいよ」と言ってくれました。

そして「今度はみかを主役にしたシナリオを書いてあげるよ」と言ってくれました。

――それが『江分利満氏の優雅な生活』ですか？

古池　それは分かりません。シナリオを書いてくれると

『イチかバチか』でハナ肇と

仰ってただけなので。

――川島監督は晩年寝そべって演出されていたという話もありましたが現場でもそうでしたか？

古池　そんな事はなかったですけど、ずっと車椅子には掛けられてました。

――次が東京映画の『喜劇　駅前茶釜』で監督は久松静児さんですが。

古池　久松先生には個人的に良くして貰った記憶がありますが、この時はとにかく森繁さんです。ちょっと目を離すと触って来るんですよね。あれが私は嫌で嫌で。他の女優さんは触られても笑っていただけですけどよく平気だなと思ってました。本当にあれは許せなかったですね。だから森繁さんとの共演は嫌だったです。

――あれは社交辞令みたいなものだと皆さん割り切っていたようですが。それから古澤憲吾監督の『日本一の色男』になりますね。

古池　古澤監督も変わってましたね。

「シュート！OK！もう一回！」。OKって言ってるのにもう一回？　もうせわしない現場でした。

この映画でアップを撮る事が残っていたのに九州に帰ってしまった事があって。父からひどく叱られまし

た。「やり遂げろ」と言われて東京に戻りました。女優という仕事は自分に合っていないような気がしていたんです。

父は二度目に東京に出て女優になると言った時に猛反対されたんですよ。父は人を呼んで見せる側でしたけど見られる側になる事に嫌悪感を持っていましたから、私が女優になる事に反対だったんです。

人生の分岐点

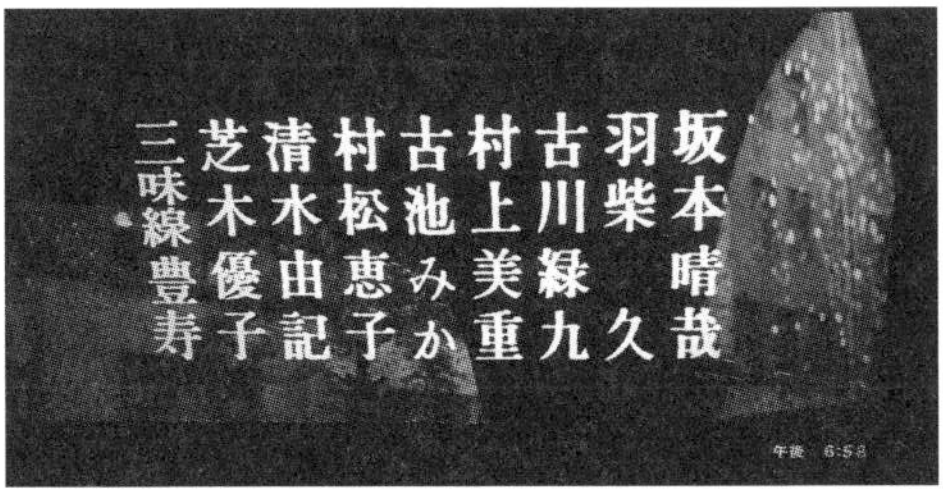

映画のクレジット

女優をしながら学校へも通ったのですが、19歳の時にとんでもない事をしてしまいます。これは自分の人生の分岐点だと思っています。

東京に出てきてからも自分の生活は変わりなく、友人との付き合いも昼ご飯を奢ったり余分に買った靴を履かないからとあげたり、そしてその代わりにノートを貸して貰ったりしていました。

ところがある日親友だった子から胸に刺さる言葉を言われました。

「あなたは裕福なお家だからそういう生活ができるけど、普通はアルバイトをしたりして生活しているのよ。」と言われました。別に上から目線で付き合っていた訳ではなかったのに凄くショックを受けました。自分としては昔からの生活をしていただけだったのに。

それで嫌になって睡眠薬を買おうと街を彷徨いましたがどこの薬局も売ってくれず、生田でやっと手に入れることができました。３００錠の睡眠薬を飲み自殺を図りました。幸いに助かり一度九州に戻されましたが、監視役で付いていたばあやとお手伝いさんがクビにならないか心配でしたが父は私だけを叱りました。

この時決心しました。今後どんな人と結婚するかわからないけれど、結婚したら実家の財産や遺産は絶対に受け取らないで自分たちだけで生きていこうと。それは今も変わりありません。「実業は無からなす」という父の精神が自分の中にもあるのでしょう。ただ大学は出ておこうと東京に戻りました。共立という学校の校風はあまり好きではなかったですが女優をやりながら学生を続ける事は容認してくれました。

俳優を育てる

――もとの生活に戻り作品に出演されますが、東京オリンピックの東洋の魔女を育てた大松監督をハナ肇さんが演じた『おれについてこい！』はバレー選手役ですか？

古池　当時の鐘紡のバレー部に泊り込みして練習しました。みんな頑張った。もう大変で。主役の白川由美さんのNGが続いて苦労しました。

――監督は堀川弘通さんでしたが厳しかった？

古池　いえ黙って見ている印象しかないです。

この頃はもう女優に見切りをつけていて自分で俳優を育てようという気持ちになっていて次の作品に出る頃には六本木に俳優の養成所作っていました。

――山本嘉次郎監督の『狸の大将』が東宝の資料に載る最後の作品になってますが。

古池　山本先生は研究所の所長で大恩人です。先生のアドバイスで「主役は二十歳を超えるまでやっちゃダメ」と言われました。そんなに早く主役を演ってしまうと後が伸びないと。

南弘子は『高校生と女教師　非情の青春』で主役に近い役を演じましたが、まだ二十歳前でその後伸びなかったのを見て山本先生の仰る通りだと思いました。

この時は役以外に九州弁の指導も任されました。

ここで東宝を辞めてフリーになりました。なぜか五社協定が辞めても枷になると誤解していて他社の作品は出ませんでした。

テレビの『鉄道公安36号』というドラマの「狙われた博多人形」で水木襄さんの妹を演じましたが、それ以外ですとフジテレビですぎやまこういちさん演出の歌番組「ザ・ヒットパレード」の司会を左とん平さんとやりました。三分間程度の自分のコーナーも任されて。これは旧知で当時フジテレビの円谷皐（後の円谷プロ社長）さんの紹介でした。五社協定の勘違いは後でロコ（桜井浩子）から笑われました。

女優以降

古池　その後黒澤明監督のご長男のクロパン（黒澤久雄）のグループサウンズのブロード・サイド・フォーの鶴

古池みか。22歳

原俊彦さんと結婚して黒澤家に家族のように出入りするようになります。黒澤監督は現場では厳しくて有名ですが家庭ではコーヒーすらまともに淹れられない人でした。『トラ・トラ・トラ』に端を発する自殺騒動の時はクロパンもカコ（長女和子）も小さかったので私たちが動き回り大変でした。

その後病気をして養成所も閉めることになり九州へ帰りました。鶴原さんは鶴原薬品の子息でいずれ私も家庭に入ると期待されたようですが離婚してしまいました。離婚がきっかけで東京に戻りファッション関係の仕事に就きました。全く他人に使われた事がなかったので初めての経験でしたが社長に自由にやらせてもらい成功しました。その後現在の内装改装業をきっかけに再婚しました。性善説をモットーに仕事をしていた父親同様に性善説で人を雇うようにしています。これは成功の秘訣になっていると思います。

生前父が私のことを何をやらかすかわからない子として「原子爆弾みたいな娘」と呼んでいました。「実業は無からなす」という父のDNAは兄妹の中で最も受け継がれている気がします。

（こせき・たいち）

B級映画を語る・最終回

杉山昌三九のことなど

永田哲朗・増淵健

押し出しは立派だった杉山昌三九

増淵　結局、市川雷蔵、勝新太郎に次ぐ「第三の男」は見つからない。

永田　天知茂、藤巻潤、城健三朗も駆り出されたけど、いずれもスタア級にはならなかった。でも個別の作品では佳作があった。この三人が主演した『人斬り市場』。みんな汚なづくりで凄惨の気があったね。泥んこになって熱演した。藤巻では『対決』の盲目の剣士も良かった。現代劇出身だけど迫力ある殺陣を見せた。昭和37年頃からの大映時代劇は見ごたえあったですね。座頭市、狂四郎、『忍びの者』に、単発の作品にも力があった。そんな流れに符節を合わせたように長谷川一夫の作品が消えていく。彼の最後になった『江戸無情』は松竹から来た津川雅彦の主演。津川は、その後『舞妓と暗殺者』にも主演したけど、彼の大映チャンバラは、それきりになった。

増淵　大映の殺陣はどうですか？

永田　まあまあじゃないですか。僕が東映より大映の時代劇を買っていたのはセットの違い。東映のはキラビヤカだけど安っぽい。大映の叩き込んだ職人が作ったようなセットは雰囲気があった。ただ傍役、敵役に「人」がいない。黒川弥太郎が抜けたら芯が無くなった。

増淵　杉山昌三九ばかり見かけたような(笑)。コドモ向けの『赤胴鈴之助』でも、『四谷怪談』など三隅研次の特異な作品の悪役でも、時代劇ならなんでも上手かった。東宝でも『照る日くもる日』とか出てた。

永田　彼、戦前はスタアだし、恰好はいいんだけどね。エロキューションが悪かった。まあ、傍役でずっと売れてたから良かったけど……なんの映画だったかな、杉山が珍しく現代劇に出たんだけど、演技が監督の気にいらなくて「チャンバラやってんじゃないんだよ」と怒られてオリたとか。大都ではメロドラマの二枚目も軍人も演ってるんだけどねえ。戦中のドサ回りで、大時代なクサい芝居ばかり覚えちゃったんだな。

増淵　永田さんが好きだった羅門光三郎も戦後は大映にいました。

永田　でも目立ってなかった。片目をやられてからは立回りが出来なくなってね。『釣天井の佝僂男』みたいなグロテスクな役で頑張ってたけど。迫力ある殺陣で大好きな人だっただけに、哀しかったな。さすがカツシンは自分のプロの『座頭市』では、小さな役だけど目立つ撮り方で羅門を使ってた。古い役者への愛情が嬉しいね。
増淵　傍役は古手が多かった。
永田　尾上栄五郎、南条新太郎、光岡竜三郎、原聖四郎、南部彰三……新興キネマの残党。主演作はフィルムが残ってない人ばかり（笑）。荒木忍、寺島貢もそう。大都系では水原洋一（浩一）。いくつになってもチンピラっぽい役柄で、彼もカツシンのお気に入りだった。たしか役者になる前はヤクザだったんじゃないかな。何度も藝名変えてね……で、問題なのは、いくら年寄りでも殺陣ができるはずの彼等に、チャンバラやらせてる記憶が無い、ってこと。ただ記号としての〝年寄り〟やってた感じ。新劇畑やテレビタレントを時代劇に起用してたでしょ。あれじゃダメ。
増淵　中村鴈治郎は名優だけど、ここの話題とは関係ないですね
永田　関西歌舞伎だと嵐三右衛門が悪家老なんか得意だったけど、どうも歌舞伎の人はエロキューションに違和感があった。間のとり方が違うというか、まどろっこしい。不思議ですよね、東映だって戦前派の古い役者がいっぱい傍役やってたのに。
増淵　戦中、戦後の状況が悪かったせいで、時代劇の伝統がいったん切れちゃったんですね。

『お富さん』で蝙蝠安を演じる水原洋一(浩一)

永田　占領軍にチャンバラ禁止されて、みんな陸に上がったカッパ。四大スタアもいろいろあって大映を離れちゃったのも大きい。みんな試行錯誤の時期でもあった。阪妻は『無法松の一生』の延長で『狐が呉れた赤ん坊』や『犯罪者は誰か』なんていう、時流に乗った戦犯追及の現代もので、いち早く転換した。『国定忠治』も撮ったけど。千恵蔵が『七つの顔』で探偵ものの分野を拓く。右太衛門、アラカンは乗り遅れた感があった。右太衛門は戦時中に『奴隷船』や『国際密輸団』を撮って、結構サマになってたんだから、戦後もすぐそこに行けばよかった。もっとも『海の狼』とか『Zの戦慄』とか作ったけど、出来が今一つでね。千恵蔵の『多羅尾伴内』みたいな強いキャラクターを打ち出せなかったんだよね。
　嵐寛寿郎はあらゆる役柄に挑戦して、晩年は一番面白い役者になったけど、この頃は誰よりも旧弊な印象だったなあ。
（ながた・てつろう／ますぶち・けん）

戦時下映画鑑賞会

『木蘭従軍』

広瀬信夫

島本志津夫『女学生時代』（國民社　昭和18年刊）

高度成長期以前の児童書が好きだ。素直なコドモたちと、それを温かい目で見守る大人たちが活躍し、不良もちゃんと改心するので、安心して読んでいられる。これ以降となるとサヨク作家たち（松谷みよ子とか）が啓蒙ごっこに勤しんだ結果、当の子供たちが退屈する、説教臭い世界になってゆく。そんなモノを読んで育った身には、軍国美談の部分さえ流して読めば、戦前の作も「素直なコドモたち」が活躍する愉しい世界だ。とはいえ本書は女学生のハナシ。結句「女のイジメは男のそれより陰湿」「いつの世でも女は怖い」という在り来りの読後感になってしまった。女の人に素直なコドモ時代って、あるのかしら？

でも映画に絡んで永年の疑問が解けた個所があったので、ここで取上げる次第。オレの父親が戦時下に『木蘭従軍』（卜萬蒼監督　1939）を観てると言う。抗日映画を東京の中学生が？　記憶違いじゃないか、と思ってたのです。それが映画タイトルと同題名の本書所収短篇で事情が分った。支那事変第五年を迎えた行事として、これを東京全市の女学生対象に、共立講堂で試写会を催したという。…ってことは男子生徒にも同じことをやったわけだ。

この小説でも、女学生の一人が、抗日映画を日本人に見せることに疑問を抱く。それにこたえて教師曰く「敵が米英だということが支那の民衆にも分かって来た。南京政府の発展や南方華僑の親日ぶりを見よ」「日本の方でも自信ができて、支那を叩くのではなく、抱き取るという気持にならなくては」「蔣介石を諷した『漁光曲』は国際的に評価された。その流れでこれが作られている」（以上、大意）云々。後世から見ると独りよがりもいいところ。この程度の甘っちょろい理想論で宣撫工作とかしてたんだよね、当時の軍部は。コドモは素直が美徳だけど、大人はもう少し狡すっからく居て欲しいよね。

既に米英映画に毒されていたオヤジは、この映画を「下手糞で冗漫、特に役者の演技がヒドい」とケチョンケチョン。数十年後に観たオレも同感。作者も同意見のようだが、そこは敢えて救いの手を伸べるつもりで、こう記す。「支那の民衆は国家観念がとぼしくて、戦争をいやがりますが…仕方がありません…その兵隊が、みんなデブのようにふとってゐる片輪のような役者で、ろばにうしろ向きに乗ったり、馬から落ちたり、こっけいな仕草をして、観客を笑はせます。日本人の目には、少しあくどくうつりますが、しかし、支那人の観客は、程度が低いので、あくどいほど大げさな仕草を入れておかなければ、よろこばないのだろうと思はれます」…日支が手を携えて、と言いつつ、この教師（作者？）は支那民衆をバカにしているのでした。

（ひろせ・のぶお）

ヌード業界退潮を見送る
土地もいろいろ、女もいろいろ

飯田一雄

扇情の音楽がぐんと盛り上がり、肉体美を誇る踊り子の薄物の衣裳が脱ぎ捨てられる瞬間、館内の照明はすべて暗転し、ほどなく場内はしらじらしい明るさに戻って興奮したストリップショーはつぎのコントの時間に移るのだ。客席にかすかな失望の空気が流れ、ひとり、ふたり。新聞を広げて舞台から眼を外す。

ストリップ劇場だからコントの時間といっても大した舞台装置もなく、幕前のカーテンが公園だったり、どこかの産婦人科の医院だったり、女子学生の個室だったりする。またかい、と、お客は渋い顔をしている。

この場所しか自分を売り込むことの出来ないコント役者にとっては正念場だ。「この次の週は要らないよ」なんて支配人に宣告されたら、次の仕事を探さなければならない。

さっき踊っていた、まるでセンスのない女の子がセーラー服を着て出てくる。物陰からオレが出てくる。「おう、おう」。女の子はいきなり見知らぬ男から声をかけられれば、「きゃー」とか「誰か助けてー」なんて言うものだけれど、「なによ」だって。

「おう、おめエ、いい身体しているじゃあねぇか」「だからナニよ」（つまんねえやつ）

「おめエ、いいおんなだよ」（居ても居なくても、どうでもいいんだ）

「……」

「おめェみたいな、いい女は、この辺には居ないよ」

「だから、なんなのよ」

ストリップ劇場のパンフレットより

「いいタマだ」

「……」

「最高のタマだ」

「……」

「生まれは…埼玉だな」

客席から一斉に失笑が起こる。

戦争が了って大衆芸能のジャンルを掻き分けるように擡頭したのがストリップだ。官憲が性犯罪と拡大解釈して取り締まりを強化し、艶笑劇として発生した以前は女性の裸体を観覧させる舞台が創世記だった。
昭和22年　新宿帝都座〈日活名画座の前身〉。「額縁ショー」大きな額縁のなかにハダカの女がじーっと立っている（時間にして三十秒たらず）。
昭和23年　浅草常盤座。裸体の女がブランコに乗った。ブランコが勝手に動いていて、女の子は全然動いていないと小屋主は弁解していたという。
朝鮮動乱期を最盛としてジプシー・ローズ等、大スターが続出したものの東京オリンピックを境にストリップは関西ヌードとして性風俗の原野を迷走する道を選んでしまう。

昭和三十年代に最高の娯楽に安住していた映画業界が斜陽に転じ、演劇界も転変を繰り返し、昭和の終焉とともに歌謡界も時代にさらわれてしまった。

その昭和の年号の終局を迎える四十年代はテレビの一人勝ちの時代だった。舞台芸能は鳴りを潜め、なかでも九州は小さな劇場での旅まわり芝居が支持されていたものの風前の灯。その劇団も花の散るようにはらはら消えてゆく矢先のこと。

なんとか劇団運営を続けたいために勧進元の娘を拝み倒し、意を汲んだ娘は死んだつもりでいくつもの山場に見得を切り、足を広げて太ももの奥を露出させる女剣劇を売り物にしてヌード劇場に参入した隠された逸話がある。

ヌード劇場自体、浮沈が激しくいつまでも同じ内容を続ける訳にはいかない。「和製外人」「金髪ヌード」「天狗ショー」「こけし」「レズ」、さまざまな趣向で客を呼んだ。芸能の堕落と囁かれて、陰花植物のように場末の遠隔地に小屋が設立された時代が出来上がった。

観光の名目で入国したフイリッピンの女性がヌード劇場のゲストに招かれた。もともと品性に悖る常識のない娘なのだろうか、一緒に働く楽屋での生活が勝手気ままでみんなの迷惑の的だった。過激な演技で客を呼ぶ特別出演、特出サンの位置にいるフイリッピンのゲストさんは横柄な態度でみんなが辟易していた。たとえば、注文していたラーメンがまずいと吸いかけの煙草を丼のなかに投げ捨てたり。目に余った同じ部屋のベテランさんが……。その女性が衣裳をまとい二階の階段から一階の舞台に下りるところを後ろから足で蹴飛ばした。フイリッピンは悲鳴を上げて落下した。

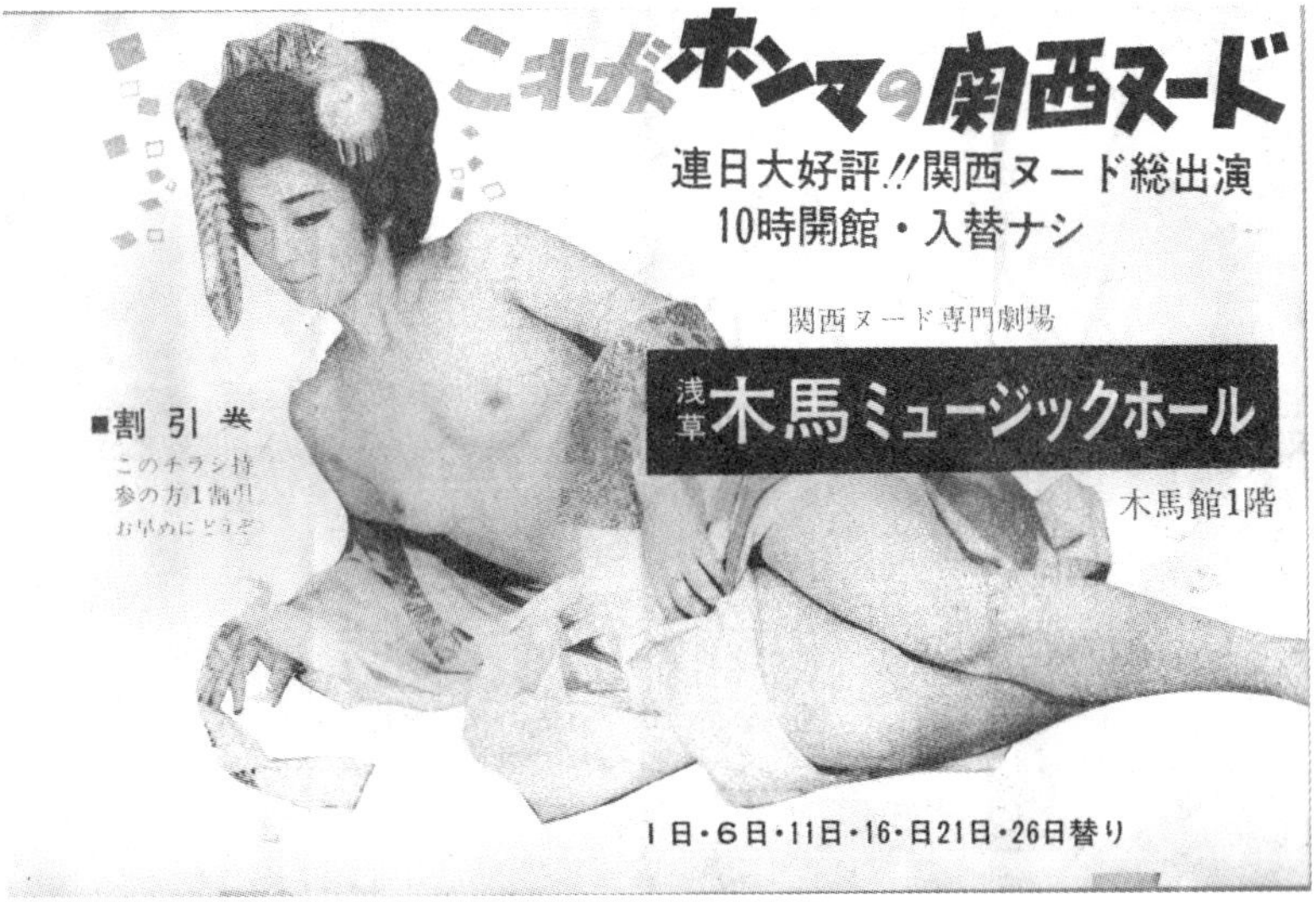

これげホンマの関西ヌード
連日大好評!!関西ヌード総出演
10時開館・入替ナシ
関西ヌード専門劇場
浅草 木馬ミュージックホール
木馬館1階
■割引券
このチラシ持参の方1割引
お早めにどうぞ
1日・6日・11日・16・日21日・26日替り

「それなりの覚悟が無ければ踊り子なんかやっていられないんだよ！」

踊り子、リリーは私の友人で、よく旅を一緒に歩いた仲である。いきなり私が登場してすみません。旅先でさまざまな人間模様に出会った。その見聞記である。

東京近郊、鋳物工場で有名な川口の廃工場の内部を仮設劇場にした所で、ヌードが過激な所と評判になっていた施設である。

その年も押し迫り、明日は御用納めの日という午後のこと。まだ客席も疎な中に四人の男たちがやってきた。それぞれ、アメ横で仕入れたお土産を抱えて故郷に帰る出稼ぎの人夫たちだ。その先達が自慢げに「ここはすげえんだ」と入ってきた。「いちばん前が特等席だぞ」と前列に腰を掛ける。

かなり年配の踊り子が出てきた。音楽に合わせて気のない踊り。

「おい、おい。頼むぜ。かぱーっとサービス頼むよ、姐ちゃん」

先達さんは、すっかり陽気になっている。三人は初めててのことで､目を凝らしている。得意満面の先達さんは、前に一度ここの舞台をみて目を白黒させて驚いたに違いない。こんな常識外れな見せ物を仲間に体験させたくて連れてきた様子が判る。

中年の愛敬のない踊り子がナニを思ったか、いきなりダンスをやめた。かぶりつきに陣取った先達さんの前に歩いてきた。「待ってました！」踊り子はハイヒールを脱ぎ捨て、それを握り締めておもいきり先達さんの頭を殴り付けた。ハイヒールの細い踵が頭に刺さったような鈍い音をたてた。「煩いんだよ。この、クソ親爺」。先達が押さえた掌から血がこぼれてきた。「やってられないんだよ。ばかやろう」。踊り子は言い捨てて舞台から姿を消した。故郷に帰る出稼ぎの男たちは、せっかくの土産話をふみにじった哀しみに首をちぢめていた。醜怪な踊り子の出自を垣間見た一瞬でもあった。

大阪は天王寺の小屋である。古く色褪せたビルの一階を占めた劇場の舞台は、背景がむき出しの殺風景な壁である。そこに吹きかけた白色のペンキが色褪せて茶色に変色している。舞台中央に松の枝がブッ違いに打ち付けられていて、それが正月興行の証であるようだ。酒樽や鏡餅など定番の飾りものの影や形もない寒々しい背景。眠そうな照明係がザラザラのマイクで次の番組を告げる。

「次はイレポンショー、お客さん、ヨロシクゥ」

怠惰にカラダを動かすだけの中年の女性が無感動なダンスのような身体をくねらす。お目当ての「イレポンショー」。舞台に沿った客席にしゃがんで衣服を掻き分けると、目の前の客が５００エンの硬貨を渡す。女性は硬貨を柔らかな布に、なにやら噴霧器でシャーとまぶして硬貨を客に返す。客は女の陰部に硬貨を押し込むと女は「ありがと」と呟いて、手を挙げている別の客の前にしゃがみこむ。音楽が間断なく、囁くように聞こえる。女はひとり、ひとり、指先の硬貨を収めながら客に「きのう、阪神はいい試合してたね」などうそぶいている。冷たい空気を感じる。かなしい。ショーが終わって、音楽が一転する。

「無法松の一生」の曲である。客席が陽気な空気に一変する。鉢巻きをした威勢のいい男衆が、小倉の俥引き松五郎を踊る。

なにより表情がいい。音楽に合わせて手振りをしているのではない。踊りで風景を活写している。修練を感じさせる芸を見せている。腰にさした太鼓の撥を引き抜き、思い切りよく片肌を脱ぎ太鼓を叩く仕草にかかる。大仰な身振りで撥を叩き半裸になって小倉太鼓の暴れ打ちをみせて。

曲が東海道清水港の次郎長節にかわる。一瞬、引っ込んだ無法松は旅人姿の森の石松に変身している。石松の晴れやかな道中の気になった娘と惚れ合いながらの滑稽な踊りといずれ襲ってくる邪魔者との剣戟。そして暗転するや、情緒纏綿、江戸小唄のながれる船宿にかわり、芸妓の艶技に続く。

「一人三役早替わりショー」と題する芸に、そのむかし浅草のストリップの原点に呼び戻された気がした。まだ、こんなところに生きていたんだ。感動した。

東京オリンピックの開催が決まり風俗営業法が施行され、ストリップ業界の浄化で一晩中公演することができなくなった。その間隙を縫って、関西ヌードと称する興味本位の見せ物が泡のように沸き上がった。「水中ストリップ」「空中ストリップ」「天狗ショー」「放尿ショー」。次から次へストリップショーは芸能を逸脱して崩壊を迷走する。

リリー嬢を介して私は若尾光さんに面会できる機会を得た。山梨の石和劇場の楽屋兼宿泊所で目の前で見る若尾光さんは童女のような可愛い人であった。同じ部屋の男性を「わたしの夫であり、師匠であり、相棒なんです」。なんとその男性は浅草の劇場で存分に腕を磨き、剣戟芝居の低調に従って若尾さんともどもストリップ業界のなかで芝居の夢を果したいと旅に明け暮れているのだという。


もう、かれこれ、十年は過ぎた頃だろうか。

私が横浜の人気の少ない路地に置き忘れたような汚れたストリップ劇場の前を通り過ぎようとして「若尾ひかり」の名のある連名表が壁に掲げられていた。なぜか名前が違っていた。急に本人を確かめたいと思った。中は十人ほど客がいた。劇場とは名ばかり。ちいさな病院の待合室を思わせた。

いきなり、舞台にシャーっと白い幕がしまった。「これからミステリーショー」と愛想のないアナウンスが聞こえた。すると、それを待ち構えた数人の客が椅子を撥ね除けて立ち上がり、客席内でジャンケンが始まった。すると、下手の袖から現われた踊り子が何の愛想もなく同じ学生風の男が勝って白い幕のなかに入っていった。すると、下手の袖から現われた踊り子が何の愛想もなく同じ白い幕のなかに入っていった。

音楽がちいさく鳴り、女の声が聞こえた。「ズボン脱いで」。命令口調の声である。しばらく何の音も聞こえない。客席は白い幕の中を勝手に想像するだけだ。やがて「ハイ、おわり」。女の声がした。男がパンツのまま幕の中から出てきて、舞台の隅でズボンを穿いていた。白い幕が開くとなにもない舞台。「おつぎはポラロイドショー」とアナウンス。

琴の音のする和風の音楽。私は息を呑んだ。若尾さんだった。若尾さんはポラロイドショーを演ずるという。何をどうするんだ。すぐわかった。舞台の上から手渡しのカメラを渡し、写真を撮らせるだけのことだ。一枚500円。客がカメラを構える。若尾さんはしゃがんで衣服の裾を捲って陰部にカメラを向ける。そういう仕組みがすぐわかった。私はそんな姿を見たくなかった。手を挙げてカメラを受け取ろうとした。若尾さんは私の顔を見て、そのまま、立ち尽くした。

「わあ、この人」。こんどは客席のみんなに「お客さん。この人、私の知っている人なんです」。私に「よく、わかりましたね。ここ。いつもすみません。手紙いただいて。私、だめなんです。手紙かけないいんです」。私は二千円だして四枚分。彼女は素直にカメラを私に手渡した。

「すみません」と言いながら娘姿のポーズをした。立ち上がって「ちょっと待ってください」。彼女は舞台から姿を消して、男姿に身を変えて出てきた。若尾さんに出来る好意と受け取った。

「すみませんねえ。私、手紙かけないいんです。だから返事を出せなくて」。舞台の上で若尾さんは涙をこぼして白い腕で拭った。

新潟県小出。大湯温泉は上越線浦佐から三十分の山のなか。リリーが待っている大湯温泉ストリップは町の中心、町役場から劇場まで雪囲いの屋根ができていて雪深い魚沼地方の温泉郷だ。

劇場はリリーとヘンリーさんの二人に日本語の出来ない外人さん。いつも、踊り子が切符を売り、音楽のテープを回し、手空きが照明をする。終演の頃になると男の人が売上を集金にくる。紅葉のシーズンが過ぎ、昼間は公演をしない。

ヘンリーさんは九州、熊本生まれ。口下手で愛想がない。顔が岩のようにごつごつして、いつも不満な表情をしている。朝昼兼用の食事が終わると、ヘンリーさんは寝てばかりいる。久しぶりの東京からの珍客を迎え、思いついた奥只見にドライブを一緒にとヘンリーさんを誘った。奥只見のシルバーラインは車でしか通れない道路だ。リリーと私はお互いの消息を話し合って楽しい時間なのだが、ヘンリーさんは黙って寝たふりをしている。つまらない人だ。私が糸口を探す。「ヘンリーさんはどの辺を回っているんですか」

「わたしは東北が初めて。来たことがないねえ。いつもは関西。大阪が多いねえ」

私は、大阪というので新世界の小屋を聞いた。

「わたしは新世界で関東の若尾さんに会いました。あのひとは礼儀の正しい人で、楽屋ではみんな一目置いて付き合いましたね。ヅラがよく似合って、舞台が明るいひとでしたよ」

若尾さんが共通の話題になり、ヘンリーさんとも打ち解けて話し合うようになった。長いトンネルを抜けると、三人とも気がらくになった。


奥只見湖は冬の風が吹いていた。粗末な食堂で私たちはソフトクリームを注文した。ヘンリーさんが「こんなのを娘に食べさせたい」と言う。熊本、菊地に住む祖母に面倒を見てもらっているそうだ。もう、四年半会っていないと声を詰まらせる。すこし哀しくなって、リリーが調子はずれの歌を唄いだした。

♪波の背の背に　揺られて……。「あ！　そうだ。観光船に乗ろう」。ヘンリーさんが立ち上がって「観光船、乗りたい」。大きな声をたてた。女たちは小学生に戻ったように、笑顔が弾ける。観光船は風が強くなって運行中止の看板が出ていた。

人前で自分を曝け出せない強面の、そして男名前のヘンリー・緑がいま二人の前で仮面を脱ぎ捨てたように、つつましい平凡な表情をみせていた。ヘンリーさんは土産屋に寄って、奥只見の土産としてこけしを買った。さっそく娘に送るんだという。

芸の世界の最果てに生息するストリップ。昭和の時代のあだ花だったのだろうか。


（いいだ・かずお）

デジタル過渡期の映画上映㉝

ここにはないもの

長谷川康志

厚労省は22年11月17日よりCOCOAの最終アップデート版を配布してアプリを停止させた。米国では12月31日、ファウチ博士がNIAID所長と主席医療顧問を辞任。日本政府は23年1月27日、新型コロナを5月8日に5類感染症へ移行することを決定。同月30日、WHOは緊急事態宣言の継続を発表したが、同日、米バイデン大統領は5月11日の国家非常事態宣言解除を議会に通知している。ようやくコロナ騒動も終幕の様相だ。1月末現在、国内映画館ではイオンシネマが座席の間引き販売を続けるのみで、22年は『トップガン マーヴェリック』を筆頭に洋画がV字回復。21年に回復した邦画と合わせて《ようやく車の両輪が揃ってきた》（22年12月1日第67回映画の日中央大会の迫本委員長発言）。では、映画に好況をもたらす「お客様」は大切にされているだろうか。作品の長尺化と4K上映の観点から見てみたい。

ツイン配給『RRR』（22年10月21日公開）は『ムトゥ 踊るマハラジャ』の興収4億円を超えて日本で最もヒットしたインド映画となったが、途中に《INTERRVAL》の文字が出るにもかかわらず179分間休憩なしで上映された。ネットには不満が溢れ、立川シネマシティでは12月22日と30日以降に20分の休憩を挟む《インターバル上映》を実施。菊川のStrangerも今年1月1日〜6日に15分休憩で上映した。その後ゴールデングローブ賞歌曲賞受賞の影響などで再上映や無発声マサラ上映は拡大したが、休憩は広まらなかった。

旧作ではセテラ配給ジェラール・フィリップ生誕100年映画祭（11月25日初日）の『赤と黒 2Kデジタル・リマスター版』を挙げたい。2部作計193分。2部冒頭に再度タイトルとクレジットが入るにも拘らず、休憩はなかった。

国内史上最多1466スクリーンで上映された『アバター：ウェイ・オブ・ウォーター』（22年12月16日公開）はもともとインターミッションのない192分。11月30日の「ハリウッド・リポーター」特集記事でトイレについて問われたキャメロン監督は「行きたいときに。見逃したシーンはまた来たときに観られる」とリピートを前提に回答している。休憩なしの3時間超の大作は90年以降増加の一途だが、その一因にはリピーター戦略もある訳だ。

ちなみに、本作のHFR（ハイフレームレート）上映で機材トラブルが多発した。一部を紹介しておくと、イオンシネマ大高は公開前日《諸事情により》48fpsではなく通常の24fpsでIMAX上映すると発表。109シネマズ木場のIMAXでは初日夜に本編が始まらず払戻し。ミッドランドスクエアシネマのドルビーシネマでも17日夜に中止による払戻しを行なっている。

4K上映設備の不足も深刻だ。『テス〈4Kリマスター版〉』（23年1月6日より順次公開）の場合、上映する21館のうち18館が2K。4K対応は横須賀HUMAXシネマズ、埼玉と愛知のユナイテッド・シネマ各1館の計3館のみだった。シネコンとミニシアターの機材格差が見える事例でもある。

「大映創立80周年記念企画 大映4K映画祭」は1月20日以降、国内6劇場を巡回中だが、4K映写対応は角川シネマ有楽町と広島・八丁座 壱のみだ。

ともあれ、休憩と出れば休憩を設け、4K素材は4Kで上映する、ただそれだけのことが実践されず、観客に犠牲を強いるばかりでは映画館に未来はない。常識を取り戻して頂きたい。

†

次に映画館の開・閉館について。

TOHOシネマズ日比谷のIMAX（スクリーン4）は22年10月12日～11月3日に休館し、IMAXレーザー（4K）& 12chサウンドシステムを導入。再開後の11月4日～10日は旧作劇映画やドキュメンタリーを上映した。後者は過去にIMAXや科学館で70ミリ上映されていた『Hubble 3D』など計4作品を2本立で上映（一般1500円）。吹替版で、音声はフィルム用の録音を流用。3Dメガネは使い捨て型。配給アイマックスジャパン。今回のデジタル素材は22年10月に映倫審査を受けた。70ミリ時代は受審していないため、再公開の扱いではない。

YEBISU GARDEN CINEMA（ユナイテッド・シネマ＋サッポロ不動産開発）は11月8日に再オープン。2スクリーン。恵比寿ガーデンプレイス内の改装に伴い21年3月から休館していた。

渋谷TOEI①②は12月4日の営業で閉館。最終日は「さよなら渋谷TOEI」と題し『鉄道員』『バトル・ロワイヤル』の500円上映も。これで東映直営館は丸の内TOEIのみとなる。

ル・シネマ1、2は東急百貨店本店土地の開発計画に伴い、23年4月10日より27年度中まで長期休館。その間、渋谷TOEI跡に「Bunkamura ル・シネマ渋谷宮下」の名で一時移転する。

広島市映像文化ライブラリーは移転話が出ている。21年11月、広島市は同館や中央図書館等をJR広島駅前の商業施設エールエールA館（99年竣工・福屋広島駅前店）の8～10階に移す再整備計画案を発表。整備費約96億円で25年度中の開館を目指す。第三セクターの赤字補填疑惑などもあり、複数の市民団体が現地での建て替えや検討協議会設置を求める声をあげている。

続いて、現像所の話題を2つ。

レトロエンタープライズはクラウドファンディング（CF）により22年4月に営業再開するも束の間、70才代の8ミリ現像職人がステージ4の大腸ガンに倒れ、再び存続の危機に。9月27日より目標金額1千万円で再びCFを開始。11月30日募集終了。支援者数104人で約124万円集まったが、1月末現在も《人材不足のため、しばらくの間週末は1名勤務》とのことである。

東宝は22年11月22日の取締役会で連結子会社・東京現像所の事業終了を決議。先立つ9月、東宝は IMAGICA EMS と映画館向けDCPのデジタル配信を目指す合弁会社の共同設立に合意、23年4月1日に事業開始する。そのため東京現像所のＤＣＰ事業は3月31日で終了。11月30日には全事業を終了する。ＤＩと編集事業はＴＯＨＯスタジオが引き継ぎ、映像アーカイブ事業については新会社設立が予定されている。

この章最後では国立映画アーカイブについて簡単にまとめておこう。

22年10月4日～12月25日は上映企画「東宝の90年（2）」。券売方法はetixと当日券《25枚のみ》。工事で小ホールしか使えず、10月15日「ユネスコ〈世界視聴覚遺産の日〉記念特別イベント［上映と講演］戦前日本の映画検閲」、10月25日～30日「長谷川和彦とディレクターズ・カンパニー」（東京国際映画祭共催）、12月10日「Ｖ４中央ヨーロッパ子ども映画祭」の期間は「東宝の90年（2）」が休みになる。

「戦前日本の映画検閲」は9月29日、チケット完売と当日券なしを告知。10月27日には配布資料と講演採録のアップ、さらにカット場面集（無声のみ）のYouTube公開が始まった。企画経緯は23年1月21日朝日新聞夕刊に詳しい。

今年1月4日～2月5日「アカデミー・フィルム・アーカイブ映画コレクション」の券売もetixと当日窓口の2つだが、10月の「長谷川和彦～」と同じく、当日券の《枚数は限定数》となる。前売完売の回では10数枚しか出ない場合もあるようだ。etixの《通路並びに販売対象外の座席から1席のみを空けて座席を選択》できないルールが消え、やっと普通に購入できる状態になった。また『バリー・リンドン』35ミリ上映には約10分の休憩があった。

同館図書室は22年11月1日より同時利用10名までとして、事前予約制を終了。開室日火・木・土は変更なし。

なお、文化庁は移転先の京都で3月27日から業務を開始する。

†

昨年11月の全国コミュニティシネマ会議イン盛岡では議題の一つに「〝映画祭〟の時代」があった。ここからは昨年夏以降の映画祭をみてゆく。順番は前後するが、東京国際とフィルメックスは最後にまとめて述べたい。

第32回ゆうばり国際ファンタスティック映画祭２０２２は7月28日～8月1日に現地（合宿の宿ひまわり武道場＆研修室）とオンラインで開催。応援ＣＦで55人から約２３０万円の支援あり。

ひろしまアニメーションシーズン２０２２は8月17日～21日に広島市映像文化ライブラリー他で、ボランティアまで一新し初開催。広島国際アニメーションフェスティバルは20年に終了。

神戸発掘映画祭２０２２は10月15日～23日（週末の計5日間）に神戸映画資料館で開催。映画の発掘や復元に関するドキュメンタリー『フィルム　私たちの記憶装置』（21年・カナダ＝スペイン）は配信もあり（１４００円）。

フィンランド映画祭２０２２は11月19日～25日にユーロスペースで開催。上映作『ウッドカッター・ストーリー』は35ミリで撮影されている。

ポーランド映画祭２０２２は11月22日～27日、東京都写真美術館ホール。

フランス映画祭２０２２横浜は12月1日～4日にブルク13他にて。『ワン・

ファイン・モーニング』が35ミリ撮影。

第35回東京国際映画祭は10月24日〜11月2日に有楽町周辺の複数の映画館等で開催。会場ごとにコロナ対策がバラバラで、シネスイッチ銀座などは検温と消毒が必須でも、ヒューマントラストシネマ有楽町1はチケット認証だけで入場できた。初日のレッドカーペットは歩道との間を黒い幕で遮り、プレスとCF寄付者しか見られなくした件は物議を醸した。寄付型CF「リアルレッドカーペット復活、移転後初実施の東京国際映画祭に参加したい！」は9月9日開始、10月7日終了。寄付者234人で867万円を得ている。外務省天下りの安藤裕康チェアマン曰く《すべては安全面の問題で対応しました》（文化通信ジャーナル22年12月号）。ならば一般に入場券を売らねばよい。黒澤明賞を復活させ、帝国ホテルで晩餐会形式の授賞式を開催。海外のゲストやバイヤーを招いて邦画のセールスに注力するのは結構だが、日本の観客を蔑ろにし過ぎてはいまいか。動員数約5万9千人（169作品）と昨年の約2倍まで回復したが、コロナ前の19年よりまだ5千人程少ない。『この通りはどこ？』は16ミリ撮影。ウクライナ映画『フリーダム・オン・ファイヤー』が11月1日に急遽特別上映された。

第23回東京フィルメックスは有楽町朝日ホールで10月29日〜11月6日に開催。朝日新聞社共催。助成金約50％減額、会場設備等のデジタル化のコスト、コロナによる観客減などで例年より1日少ない11月5日までの開催になりそうだと《例年通りの日数で開催するための》CFを実施。9月9日〜10月18日に支援者数315人で約307万円（目標300万円）が集まった。例年通り9日間開催できたものの、来場者数は7153人（11月11日朝日新聞夕刊）とコロナ禍で厳しかった21年の9573人（イベント等含まず）を大きく下回る結果に。CFの説明で明らかになったのは《慢性的な赤字が3期連続》ということ。赤字はコロナ以前からなのだ。20年から東京国際と同時期開催にしたのは致命的だった。不審な点は8月2日付スタッフ募集要項で会期がすでに6日までとなっていることである。ともあれ、スノッブに作家主義に突っ走った映画祭の末路やあわれ。観客なくして映画祭は成り立たない。

ことほど左様に、大使館後援や東京国際などを除けば、コロナ前から映画祭は厳しい状況にあり、対処療法たるCFに頼る現況は末期的だ。原因には①経済衰退と少子高齢化②配給作品の過剰③配信の普及。さらに地方では過疎の深刻化がある。映画のない地域に必要なのは映画祭・常設館・上映会のいずれなのか、地域ごとの議論が不可欠だ。都市部のミニシアターと一元化して助成を求めるやり方では本当に必要な地域を支援できない。翻って都市部では映画祭を続ける理由を明確にせねば到底継続は無理だろう。持続可能なものなど存在しない。

いま一度、映画は誰のためにあるのか、真摯に考えていただきたい。

（はせがわ・こうし）

珍品ショウケース⑭

『早すぎた埋葬』

ダーティ工藤

（32年・RKO映画）モノクロ・スタンダードサイズ（1・37：1）59分（原版73分）

Thirteen Women（13人の女たち）

製作総指揮＝デヴィッド・O・セルズニック　原作＝ティファニー・セイヤー　脚本＝バートレット・コーマック、サミュエル・オルリッツ　監督＝ジョージ・アーシェインボー　撮影＝レオ・トーヴァー　音楽＝マックス・スタイナー　美術＝キャロル・クラーク　録音＝ヒュー・マクダウェル　衣装＝ジョゼット・デ・リマ　スチール＝スーシン・リッチー　助監督＝トーマス・アトキンス、ドーラン・コックス　編集＝チャールズ・キンボール

出演＝アイリーン・ダン、リカルド・コルテス、ジル・エズモンド、マーナ・ロイ、メリー・ダンカン、ケイ・ジョンソン、フロレンス・エルドリッジ、C・ヘンリー・ゴードン、ペグ・エントウィッスル、ハリエット・ハグマン、エドワード・ポーリー、ブランチー・フリードリッヒ、ウォリー・オルブライト、ロイド・イングラム、エドワード・レセント、アイダ・メイ、リュー・メーハン、ボブ・リーヴス

NYの著名な占星術師スワミ・ヨガダチ（C・ヘンリー・ゴードン）は、聖アルバンス神学校の同窓生13人を占星術で占い結果を各人へ手紙で送る。それは何れも不幸が訪れるという不吉な占い結果であった。最初に受け取ったのはジェーン・ラスコブ（メリー・ダンカン）で妹（ハリエット・ハグマン）とサーカスで空中ブランコをやっていた。そこへ同窓生ヘイゼル（ペグ・エントウィッスル）も訪れていた。ショーが始まりジェーンではなく妹（ハリエット・ハグマン）が落下死する。不幸は続き1人は殺人で刑務所へ収監され、数人が死んだ（＊この辺は短い映像で編集処理）。同窓生のローラ（アイリーン・ダン）は今度は自分の番かと苦悩するが、親友ジョー（ジル・エズモンド）は迷信だと断言する。事件の捜査を担当するクライブ巡査部長（リカルド・コルテス）は、有力な容疑者としてウルスラ・ジョージ（マーナ・ロイ）をあぶり出すことに成功する。彼女は同窓生であり先に事故死したヨガダチの秘書をしており、占いを依頼したのも実は彼女であった……。

本作がスラッシャー映画の元祖と言われる所以は、ヘイゼル役で出演のペグ・エントウィッスルが撮影終了後に観光名所となっていたハリウッド・サインの〝H〟の上から投身自殺したことにある。遺書はなかったが、彼女のメモなどから今後の仕事などに悩んでおり、警察により覚悟の自殺と断定された。現在ならこのスキャンダルを大々的に宣伝に活用するところだが、この当時はプロダクションコードの正式施行前年ということもあり極力秘密裏に事が運ばれたようだ。彼女の自殺の一ヶ月後に公開された映画は、ペグの出演シーンも含め原版より14分あま

ジョージ・アーシェインボー監督

りカットされた。結局、映画はヒットせず無数のB級映画の山に埋もれたかと思われたが、ケネス・アンガーによるハリウッド・スキャンダル史「ハリウッド・バビロン」に数行ながら取り上げられるに及んで、好事家より俄然注目されることとなった。本編の方はというと、インドの混血児ウルスラ・ジョージを凝ったメイクと芝居で演じたマーナ・ロイの怪演ぶりが際立っており、大スターとなる直前のアイリーン・ダンも形無しという感じであった。

監督のジョージ・アーシェインボー（1890〜1959）は、パリ生まれでパリ大学を卒業後、舞台の俳優や演出助手を経て15年に渡米。ワールドフィルム社に入社し、仏時代に知遇を得ていたエミール・ショータール監督のもとで助監督を勤めた。17年に『男が彼女を作った』で待望の監督デビューを果たす。以降、パテ、セルズニック、ユニヴァーサル、コロムビア、パラマウント、RKO、ユナイトなど各社で、幅広いジャンルをこなす信頼のおける職業監督として100本以上を監督した。

ほとんどがB級映画ながら、32年にRKOで撮った『火の翼』は、いつになく気合の入った力作で、アーシェインボーはディック・グレイと共に原作も書いている。欧州大戦（第一次世界大戦）が終結し、空軍の勇士だったギブソン（リチャード・ディックス）、レッド（ジョエル・マクリー）、ウッディ（ロバート・アームストロング）、フリッツ（ヒュー・ハーバート）の4人は、空軍を離れてハリウッドへ流れ着く。4人は某映画会社へスタントフライヤー（内ひとりは整備士）として雇われる。同社のフォン・フールスト監督（エリッヒ・フォン・シュトロハイム）は専制的で、自分の映画のために全てを捧げることを求める。危険な撮影の結果、ウッディが水中に墜落して死去する。激怒したレッドはフールストを射殺してしまう……、というかなりハードな内容である。見せ場たるフライトスタントのシーンの迫力も凄いのだが、それ以上に凄まじいのは狂気じみた監督を演じるシュトロハイムの存在感である。彼が監督しているシーンは、彼が本当に監督しているかのような錯覚に陥るほど真に迫っている。ハリウッドのタイクーンたちによって監督が出来なくなっていたシュトロハイムには、俳優の道しか残されていなかった。そのためかしばしば現場を自分のコントロール下に置こうとしたこともあったようで（＊『熱砂の秘密』（43年）で、ロンメル将軍役で出演のシュトロハイムが演出をのっとろうとした、とビリー・ワイルダー監督が証言している）、本作もその可能性は大いにあったのかもしれない。そうなるとアーシェインボーの演出力も極めて怪しくなってくるのだが、ともあれ本作が彼の代表作であるのは間違いないだろう。

（だーてぃ・くどう）

映画監督・小《こ》平《ひら》裕《ゆたか》インタビュー（上）

石川力夫の墓参り

鈴木義昭

始まりは、『仁義なき戦いの〝真実〟美能幸三遺した言葉』（サイゾー／２０１７年）という本を作ってくれた編集者の福田くんとの会話からだった。彼は、そこそこ売れたから続篇を何か考えないかという。売れたかどうかは知らないが、そこそこ誉めてくれる人もいて気をよくしていたから、ならば、次は『仁義の墓場』じゃないかとぼくは言った。自分なりに、構想のようなものは既にあった。

　というのも、ぼくにはずっと東映東京撮影所即ち東映大泉撮影所の軌跡を追いかけるライフワークのようなものがあったからだった。小平監督の他にも、梶間俊一監督をはじめ東映東京関連の作家やスタッフを取材してきた。以前から、関連する原稿も書いている。ライフワークと言えば大袈裟だが、東映はぼくにとっては特別な映画会社だ。東映映画は、観客としてだけでなく作り手へと越境しようとした若き日の夢を塗り込めた場所である。

　ぼくにとり、その場所は、京都でなく東京だった。マキノ以来の時代劇の殿堂から任侠映画の発信地となる東映京都を、東映三角マークの王道のように言う人もいる。しかし、そんなに簡単なものではない。実際、東映東京と東映京都は別々の映画会社だったと考えてもおかしくない。そこを見極めねば、映画史ではなく通俗読物になってしまう。いや、通俗読物のほうがわかりやすいし売れるから、なんとも仕方ない。ヤマほど映画史本が出ても、東映東京撮影所についてはまだ

小平裕監督

正史すらまともに語られていないと、ぼくには思える。

そんな思いを胸に、「『仁義の墓場』ならば小平裕監督に聞こう！」「小平さんは、『仁義の墓場』のチーフ助監督。何度か語ってくれているが、『仁義の墓場』の総てを知っている」「『仁義なき戦い』の後に『仁義の墓場』を深作欣二が撮ったことの意味を考えなきゃいけない！」などなどと、福田くんと語り合う。

まもなくアポをとり、ほぼ20年ぶりに小平監督と会い録音テープを回すこととなった。

以下は、本来は『仁義の墓場の〝真実〟』なる拙著の原稿としてまとめる予定で行ったものだ。頓挫した『仁義の墓場の〝真実〟』はさておき、２０２１年８月12日に小平監督は亡くなってしまった（享年83）。小平監督を偲んで、追悼の思いを込めて長い録音から書き起こしていく。

取材は２０１７年12月21日、西新宿の喫茶店だ。小平監督とぼくらは、取材に先立ち新宿駅西口で待ち合わせ、駅から程近い「石川力夫の墓」にお参りした。取材理由を話すと、小平監督が「それなら、石川力夫の墓参りからしようじゃないか」と言ったからだ。「行ったことないだろう？」、と。

十代に観客として出会い長いお付き合いをさせていただいた小平監督と、最後にお会いしたのは、このインタビューだった。あらためて書き記すのは、小平裕の作品、監督研究が始まることを強く念じるからでもある。

＊

――今日は、まずお聞きしたいのは『仁義の墓場』のこと。伺って行くうちに、大泉撮影所のことになれば、小平さんの作品のお話になれば、というふうに考えています。よろしくお願いいたします。

小平　ええ。いいですよ。

――20年前から、小平さんにもう一度じっくりお話を聞きたいと思いながら果たせず来てしまったので。

小平　いやいや、今年こそと思って、年賀状に書いたりして、ここまで来ちゃった（笑）。

――小平さんとは、その昔「ズームアップ」「マイノリティ」の頃からお付き合いをさせていただいています。「ズームアップ」は、今ではピンク映画ファン雑誌のように思われがちですが、東映や日活も応援した。「マイノリティ」も東映を中心とした日本映画の応援ミニコミでした。梅林敏彦、川崎宏（新堀文由）両先輩という兄貴分のライターが二人いて、小平、梶間監督をはじめ大泉撮影所や東契労を応援していた。

小平　そうだったね。梅林くんなんかはどうしたの？

川崎くんは早く亡くなってしまったけどね。

――梅林さんは故郷へ帰られましたよ。帰る前には競馬ライターとして活躍されていた。何かしら推していく対象を見つけるのが上手な方でした。

小平　そうか。連絡先を教えてくれよ。後で飲みに行っても構わないから（笑）。今はもう「ズームアップ」のシナリオ募集で賞を取った人がシナリオ作家協会のトップだね（笑）。

――西岡琢也ですか（笑）。

小平　うん。世の中わかんねえな（笑）。マイナーなエロ雑誌みたいなスタンスで、いろいろ人材も出している。

――ありがとうございます。編集長の池田（俊秀）もあの世で喜んでくれてると思います。今日は、記念碑的な取材になりそうです。この間、電話で話に出ました『喧嘩道』（1979年公開）は小野沢稔彦さんの脚本なんですね。今から考えると意外です。実は、今日はそこをラストにしようと考えて来たんですが、そこまで辿りつけるかどうか。

小平　小野沢ね。あいつは一字も読まずに脚本を頼んだんだ。普通は「キミどんなの書いた？」から始めるけどね。人間的にこいつなら行けると思ったからね。力量的に。あいつも伊藤俊也と論争したり、大島渚の本書いたでしょ、読みにくいけど。

――お送りしましたように『仁義なき戦いの〝真実〟美能幸三遺した言葉』という本を書いたんですが、続篇に『仁義の墓場の〝真実〟石川力夫の軌跡』というのを書かないかという話が出まして、ならばまずは小平監督からと思って伺いました。

小平　そうか。大したもんだよ、力作で。俺ね、『仁義の墓場』のチーフ助監督をやった時に、『仁義なき戦い』は実はよく観てなかった。一本目だけは観ていたけどね。京都から帰ってきた深作欣二を、「サクさんお疲れ」と言って、迎えたんだ。鈴木さんの本を読んで、これは観なきゃいけないと思ってゲオで借りて全部観た。二作目だけ異色だけど、さすがにサクさんらしいなっていう作品だった。でも、それを全部観ても頭に残らない（笑）。

――墓参りもして来ましたが、あんなに身近な所に石川力夫の墓があるとは思わなかった。『仁義の墓場』

と同じ年、直後に監督デビュー作『青い性』を撮られている。

小平　そうそう。サクさんが「チーフやってくれないか」って話でね。

——助監督は『仁義の墓場』が最後ですか。

小平　チーフの最後。もう『青い性』の監督は決まっていた。それで脚本も書かなきゃいけない。それで親しい渋谷（正行）を呼び出したんだ。渋谷にも「俺が『仁義』をやっている間に、ストーリーを考えてくれと言った。そういう形で並行してスタートした。

——『仁義の墓場』を封切りで、生まれ育った町の新小岩東映の大きなスクリーンで観ました。物凄いショックを受けて、明るくなっても少し座席から動けなかったのを憶えています。これは何かが違う、深作欣二と東映は、なぜこんな映画を撮ったんだ、と。まず、もう暗いじゃないですか。

小平　昔の言葉で言えば陰々滅滅と言ってね。シナリオライターの神波史男さんとよく「こんな陰々滅滅な話は通らないよ」って話してた頃でね。そのくらい暗いよね。そういう暗さ。ただ、明るさ暗さということでは評価はしないからね。

——『仁義なき戦い』シリーズが、斜陽東映の救世主みたいにヒットした。『新仁義なき戦い』も同じ劇場《コヤ》で、満員の封切りオールナイトで観た。ところが『仁義の墓場』は、平日の昼間でしたがガラガラでした。もしかして、深作欣二は、これでやくざ映画にピリオドを打とうとしてるのかもしれないと思った。

小平　深作さんが具体的にどういうことを考えていたのか。文章などを読むと、松田寛夫、神波史男、俺で旅館に入るんだが、やって来て3日間、何もしゃべんなかったよ。何もしゃべんないのは何でだと、俺は思ったけど。ひとつは疲れ果てていた。『仁義』シリーズで。

——『新・仁義』と続いて。

小平　吉田達（プロデューサー）が鴨井達比古に藤田五郎の原作に沿って脚本《ホン》を書かせていた。それを京都の『新仁義なき戦い』をやっているサクさんの所に足を運んで持って来た。既に渡哲也に話を付けてきたホンはある訳だよ、原作に沿った。しかし、サクさんは「西の『仁義なき戦い』を東に持って来ただけじゃないか」、と。要するに鴨井のホンがね。藤田の原作もあの頃読んだが、全く想い出さない。……サクさんに引っかかるものがなかった。新鮮味がなかった。自分は疲れ果てていて、新しいことに挑戦しなきゃいけないのに、またこれかと思った。渡哲也のほうからは「監督は深作さんでお願いします」という注文が入っている訳、吉田達に。

――渡さんの指名があった。

小平　東映初出演。俺は日活に興味がなかったからね、渡哲也の名前は知っていますよ。だから、やらなきゃ仕様がないんだ。『仁義の墓場』をやれる俳優は、東映に他にいなかった。健さんも文太も、もちろん鶴田にもあれはできない。菅原文太自身も言っているけどね。

　渡哲也は、やくざ世界の風格があるんだ。やくざに風格があるかどうかと問われりゃ困るが、存在感もあれば芝居の質もある。彼は肺病上がりで東映へ来て、とにかくこの役で復帰しようとしていた。渡哲也そのものが石川力夫か、石川力夫が渡哲也か。混同しておかしくなるくらい。なりきるなりきらないなんていうのを超えて、同化現象を起こした。渡哲也なくして、ああいう作品にはならない。

　『仁義なき戦い』の一人一人をチョイスして一作ずつ作っていけば、摑み方によればこうなるかもしれない。人間とはなんだ？　石川力夫とはなんなんだ？　と。兄貴分を殺して墓に放り込む生き方。あらゆることが普通の常人には疑問だらけな訳だ。「大笑い　三十年の　馬鹿騒ぎ」そのもの。俺の人生は風船だと、高く飛んで弾けるんだと。というのが、日常の言葉であるが如く。サクさんは、「こんな甘ったれな奴はいない」と言った。河田組の親分に甘ったれ、今井という兄弟分に甘ったれ。今井は相応の組を起こしてる。石川に「おまえもいつかやろうぜ！」って誘っている。ところが、親分の所で好き放題のことをやって、金をせびる、金がなくなりゃ賭場へ行って荒れる。とにかく、サクさんに言わせれば、『仁義なき戦い』『新仁義なき戦い』を通してこういうキャラはいなかったと、物凄く鮮度がいいって。人間としてはクサ過ぎるってね。

――観ていて息苦しくなってくるような、とても思い入れができるような人物じゃない。

小平　梶間（俊一）が水戸でインタビューしたんだけど、石川は泣き出したら二時間も三時間も泣き止まない少年だったって。こういう子供が大人になったらどういう大人になるんだろうっていう興味が湧いたって言ってた。ガキっていうのは、バカなりに大人を見てるんだ。それが石川は甘えて甘えて、親分の組織に甘え、成り行きで知り合った女房の地恵子に甘え、大阪でペイ患者になって来てまた甘える。反発してくる奴には命もどうでもいいというバイオレンスに突入していく。だから、そういう一番親しかった今井と地恵子の墓を、仮出所してから自分で金出して建てた訳だ。三人の名前を彫らせてね。

――三人の墓なんですよね。

小平　やはりニヒリズムの極致だと思う訳よ。彼の人生はね。彼にとって人間の繋がりってなんなんだと。今井は世の習いに従って自分の組を起こす。出世欲って言えば、それまでだけど。やりたいことをやろうとしている。

石川は、やりたいことがそもそもなかった。たまたま茨城から終戦直後の荒廃した新宿に出て来て、愚連隊と知り合う。今井のように世の習いに従って生きて行くことができない。石川からすると、今井も出世主義者にしか見えないんだ。俺にとっては、そんなもんどうでもいいんだって言いながらね。地恵子が死んだ時は、骨を持って親分に脅しをかける。その骨をボリボリ齧りながらね。

INTERVIEW 小平裕《こひらゆたか》
もう一度本当の「青い性」を撮りたい
インタビュアー 梅林敏彦
プログラム・ピクチャー作家として出発した小平裕の不幸は、その出発時がプログラム・ピクチャーそのものの端境期だったということか。しかし、小平裕はまだ若い！
せられるという事態さえ起こっているのだ。小平裕をはじめ東映東撮の異端派たちの前途は、苛酷な合理化攻勢のなかでさらに険しいと言わねばなるまい。しかも小平裕は、東制労で悪戦を強いられている同志たちへの連帯のために、テレビ映画への安直な転進を肯んじようとはしないのだ。この不退転の姿勢のなかから、果して、何が生み出されようとしているのか？　わが批評の言語もまた、「いつも次回作が期待される新鋭である」といったような客観主義的な水準にノホホンと止どまっているべき時ではないだろう。私たちは、今こそ、何かを始めなければならないのである。
インタビューに答える小平裕監督（『ズームアップ』1978年8月号）

――撮影は、かなり切迫していた？

小平　俺は、B班はやらない

よって言ってた。そう言いながら、撮影は20日もないんだから。こらいつかやる羽目になるだろうなってて思ってた。チーフだから全部現場にいた訳じゃないですよ。梶間がセカンド、サードが横山（博人）。いつも言うんだが、伊藤俊也さんの『さそり』と深作さんの『仁義の墓場』しか印象に残る仕事はない。それ以外はほとんど記憶にないってね（笑）。その二本が、俺の助監督時代の映画なんだよ。

渡瀬恒彦が死んだ時にさ、ゴールデン街で、渡瀬が出てる『銀蝶渡り鳥』（山口和彦監督）に小平裕の名前がチーフ助監督で出てるって言われたんだけど。全く想い出せない。映画のワンカットも。つい最近、俺の脳細胞は死んだか記憶喪失したかもしれないけど（笑）。だから、俺にはなんのインパクトもなかったってことなんだ……。

――東映京都で、俊藤浩滋さんの路線を引き摺りながら出て来たのが日下部五朗プロデューサーでした。京都へ行って『仁義なき戦い』について取材した折に、『仁義の墓場』についいて聞いたんですが、「あんな暗い話は、ワシは好かん」って言っていた。

小平　日下部五朗氏には、群像劇の中で対立するというやくざ映画の構図がひとつしっかりあって、サクさんに言わせればビックリするような笠原和夫さんの脚本があって、『仁義なき戦い』というのは、そこで成立していた。しかし、群像劇の一人一人の人間の生きざまに焦点を当て取り出して描くとしたら、こういう映画もあるんだよ。本来、質が違う。日下部氏も価値として認めてない訳ではないと思うけどね。

――大泉には、ああいう映画が出てくる素地のようなものがあったんじゃないですか。

小平　それは、そうかもしれない。例えば、佐藤純弥さんの『陸軍残虐物語』とかね。深作さんの『現代やくざ』ものにも繋がる部分はある。

――『網走番外地』も、最初は暗い（笑）。

小平　暗いよ。でも、超ヒットした（笑）。あれ、歌も良かったからね。フルさん（降旗康男）は、やくざ映画が出て来る前はギャング映画を撮っていた。

――降旗監督の『網走番外地』は暗いので、敬遠してきました（笑）。今度、観直すつもりですが。そもそも、『番外地』以前の石井輝男監督や降旗監督のギャング映画もフィルムノワール調ではあったから……。『仁義の墓場』にまで繋がる東映フィルムノワールの系譜はあるんではないかと考えています。

小平　京都と東京の違いはあるんだよ。演出部からして京都のバカヤローと、俺は思うくらい。闘いに関しては、ほとんどダメ。石井輝男さんの名が出たから思い出したけど、石井輝男監督の作品に演出部の組合が「エログロ反対闘争」した一件があったろう。俺と同期の荒井美三雄だけが一人反対した。

——石井監督、荒井監督の取材もよくやりましたから、よく知っています。

小平　東京撮影所から伊藤俊也、小松範任が「ボワシ」という通信でメッセージを発して反論した。組合がエログロ映画の現場につくなという訳だ。監督昇進の話が出た荒井は、エログロでも良いから撮ると言って監督になった。会社と組合の狭間に立たされてね。言ってみりゃ、そういう日本共産党の主張そっくりみたいなことをやっていた。

京都の演出部というのは、一度監督になってもまた仕事がないと助監督になる、それを演出部そのものが強制するんだよ。東京は、一人助監督になったら一人補充しろ、と。絶対一度監督になった人間を助監督に戻すということはしない。そういうところで、演出部の在り方も東撮（東京撮影所）と京撮（京都撮影所）は全然違うんだよ。

——美能幸三さんを紹介してくれたのも、実は荒井美三雄さんです。

小平　あいつは『新仁義なき戦い』の脚本も書いていたな。今は、もう具合が悪くて家からは出れなくなったけど、頭はしっかりしてるよ。

——『仁義の墓場』に戻りましょう。深作監督の中で、かなり『仁義なき戦い』とは違うもの、久々の東京撮影所作品に対する意気込みがあったということになりますか。渡さんとは、違った意味で。

小平　なにしろ撮影スタートの時には、脚本は出来上がっていないんだからね。渡さんとしては、どう対処していいかわからず困惑した部分はあると思うんだよ。それは、サクさんと渡さんと個人的にはどうされていたかはわからないけど。だいたい助監督が入っていく時に、サクさんの中に整理がされていなかった。それが、三日後になってやっと見えてくる。

——現場に入って三日後に？

小平　いやいや、現場の前の旅館。サクさんのどっかの記事の語りによればね、『新仁義なき戦い』が終わって、当初はイメージが湧かなかった、と。それで、これは人間石川力夫に迫るしかない、と。群像劇じゃない、と。その時代の中での抗争劇にしよう、と。鴨井達比古の脚本は抗争劇だったんだよ。新鮮味が全くなかったんだ。だから、どうやって個人石川力夫に迫って行くか、と。まだ、足で書けっていう時代だからね。実際、俺は地裁に行って裁判記録を取って来た。梶間は茨城に行って、石川の住んでいた地域の人たちに話を聞いて回った訳だよ。そこから泣き出したら2、3時間泣きっぱなしの子だったとか、頭の良い子だったとか聞いて来た。映画の冒頭のシーンでインタビューの声が出てくるだろ。そういう、取材から作っていく石川力夫像。水戸の方では、サクさんの幼友達を通じて話を聞いたりね。

——水戸の人なんですよね、石川力夫も深作欣二も。

小平　深作さんにとっては、同郷のふるさとの愚連隊な訳だよ（笑）。そこら辺に興味があったかどうかは別にして、なくはないと思うけど、とにかく石川力夫という存在とは何かということからスタートした。原作も脚本も何もかも頭から捨ててね。

——鴨井達比古の脚本は、闇市の話だった。

小平　それは、全部無視して。

——そういう意味では、深作欣二のカラーが最も出た作品のひとつだったとも言えますか。

小平　そういうことも言えるかもしれないね。それは、もう天下の笠原和夫のシナリオ、サクさんも一読唸ったというシナリオとは全然関係のない映画になった。鴨井の脚本はダメだから、ゼロから作ろうと。

——で、松田寛夫、神波史男の両脚本家が呼ばれた。

小平　困った時の松田寛夫、神波史男なんだ。いつも松田くんが助けてきた。松田ヒロちゃんなんか、深作さんの葬儀にも来なかったからね。最後は裏切った、と。自分がやろうとしているのをホカして、深作は他の方へ行っちゃう。冗談じゃねえよって、それぐらい怒ってた。神波ちゃんもそういう目にあってて、映画芸術が出したムック本「ぼうふら日記」（『この悔しさに生きてゆくべし　ぼうふら脚本家神波史男の光芒』／プロダクション映芸・2012年）で、サクさんの体質についてやんわりと批判しているけれど。松田ヒロさんは、もう烈火のごとくに怒ってた。サクさんはそういうところあるんだ。サクさんのタフさって言えば、それまでだけど。

だから、今、鈴木さんが言ったように「深作欣二そのものが『仁義の墓場』には表れている」ということは、言えるんじゃないの。とにかく石川力夫像にどう迫るかっていうことが全てだった。いや、だから最後にサクさんがどう摑んだかっていうのは、俺は聞いていないけど。当時のサクさんの言葉で言えば、「石川力夫みたいな甘ったれた奴はいない」「風船だ」ということだね。ただ、最後の仁義。仮釈放の時に自分で墓を作って、殺した今井と妻の地恵子の名前を墓に刻んで。「大笑い　三十年の　馬鹿騒ぎ」って刑務所の独房の壁に書いて、刑務所の屋上から飛び降り自殺したっていう事実だけが遺った。その事実から、一人の人物像を延々と帰納していくっていう、その作業で神波、松田は相当苦労したと思うんだよね。とにかく、毎日原稿が上がると、それを俺は撮影所へ持って行ってさ、まだコピーなんかない時代だから、青焼きで起こして、撮影部に渡すっていうことをしてた。それまで、誰もわかんない訳だよ。突貫工事でね。キャメラは仲沢半次郎。あのキャメラは凄まじいね。

石川力夫の墓

――仲沢半次郎さんのキャメラが凄いですね。

小平　凄いよね。俺もあらためて観て、その凄さにビックリこいた。俺はB班やってる時は携われなかったし、チーフ助監督というのはアタマからケツまで現場にいる訳じゃないんだけども。このぐらい凄い映画って他にあるだろうかってもんだよ。その凄さにおいてね。言ってみりゃ、アナキズムというかニヒリズムというかさ。

――ひとつの極致ですね。

小平　当人もわかっていないと思うよ。こう生きざるをえない。生理で反応する、自分に向かって来る者に対しては、もう突貫だし。だけど、自分の中で引っかかってるのは今井と地恵子なんだ。墓が象徴してるよね。完全に非人間的じゃない訳だよ。
あの墓は、何をイメージするのか。「仁義」という言葉を刻んだ墓。仁義というのは、人と人の繋がりじゃない。それを求めていながら、自分がボロボロにした地恵子の名も刻んで。そういう見方をすると、あの「仁義」を墓の側面に刻んだ。兄貴分の今井、妻だった墓は、彼にとっての贖罪なのかもしれない。しかし、そんな感情に流される男だったら、ああいう生き方はしなかったんじゃないか。人情論なんてところで生きてないから。石川の人生を丹念に追って行くとね、俺は俺なりに解釈すると、刻まれた文字を見ると、あの墓は彼なりの最後の、自分にとっての誠意の証、生きた証だったのかな。贖罪という言葉でもなくてね。俺は、そう思っている。

——映画の中にも墓を建てるくだりがありましたね。

小平　金を石屋に渡してね。「足らない分は後で持ってくる」って言ってね。映画にもあるでしょ。あれは事実だと思う。死んだらここに入れてくれということなんだ。

——今から振り返ると、深作さんの生き方もニヒリスティックでしたが、深作欣二監督も死んじゃいましたが、最期、治療をしないで女とやっちゃうことを選んだというのも含めて。なかなか無頼だった。

小平　ハハハ（笑）。そうだね。

——ぼくは、深作欣二の映画全体に、ニヒリズムというものがフィルモグラフィを通してあると思うんです。呉に美能幸三さんを取材して、驚いたことがひとつあります。美能さんが、深作さんは「やくざだった」って言ったのでビックリしました。

小平　やくざからやくざって言われたのか。可笑しいね（笑）。

——美能さんは、自分は堅気になったということを言われたかったのかもしれないですが、衝撃的な発言でした。

小平　それは、誉め言葉じゃあないの。ある意味。やくざにそういうことを言わせるというのは、誉め言葉として捉えるね。俺以上のやくざだったという意味かもしれないし、頭の中では俺を超えたやくざだったという意味かもしれないね。

（すずき・よしあき）

「再映」完結篇

まぼろしの映画題名

最上敏信

封切館で旧作を再上映することや二部作などを一本にまとめた総集篇、そして今回の旧作の題名を変えた改題版は、日本映画史からすべてが削除された謎の題名である。

宇津井健のデビュー作でもある新東宝一九五三年一一月三日公開、中川信夫監督「思春の泉」という映画がある。がこれは正しい題名ではなく、タイトルクレジットは「草を刈る娘」となっている。東京国立近代美術館フィルムセンター（現・国立映画アーカイブ）にも所蔵されているがCSで放映された録画を再生すると【※再公開後「草を刈る娘」に改題】との注意書きが出てくる。つまり公開後、「草を刈る娘」に改題されて公開された、との意味で過去に新東宝は自社の作品を「改題新版」として再公開している実績が多くあるので、この新東宝映画も同様に改題したものであろうと考えたのに違いない。御存知の方も多いと思うがこの「草を刈る娘」は終戦直後に映画化が流行した石坂洋次郎原作の二〇本目の作品である。一般的に考えれば新聞連載小説や大衆文学などで観客に題名が知れ渡っているのであれば原題のまま映画化する場合が多い。それを何故「思春の泉」と云う題名に替えたのか！　不思議ではないか！　会社が名付けた題名、どのような題名でも部外者に云われる筋合いはない！　と云われれば全くその通りだが「思春の泉」はポスターをはじめプレスシートなどすべてこの題名である。調査不足なのかもしれないが「草を刈る娘」の題名の宣材は過去に見たことがない。題名が「思春の泉」に決定された時、何故タイトルクレジットだけが訂正されずに「草を刈る娘」のままなのか？　考えられることは唯一つ。映像は当初から「草を刈る娘」のままであり一度も改題もなかったのだと思われる。その根拠は映倫審査番号にある。「草を刈る娘」の画像にある映倫審査番号は「一一六一」である。もし仮に「草を刈る娘」で改題再公開があったとすれば、映倫番号は、新版との意味である「S版」になるはずだ。題名が異なる二本の映画で映倫審査番号が同一になることは絶対にない。二〇二一年三月、株式会社クレス出版より「中村秀之解説・戦後映倫関係資料集」（全3回全10巻）とその別冊が発売された。その別冊にある題名によると【草を刈る娘より思春の泉　注釈には映画審査時「（原題）より　思春の泉」つく】とある。

さらに確信を得るために、時間はかかったが新聞のラ・テ欄から過去の地上波で放映された新東宝映画の題名を探しリストアップした。

吉田尚輝氏によると（「鉄腕アトム」の時代・世界思想社・二〇〇九年）新東宝がテレビ放映権を地上波へ売却したのは、TBS二一〇本、フジテレビ一九九本、日本テレビ一三五本、NHK一〇本の合計五五四本である。その中に日本テレビ、一九六四年三月七日の深夜枠、〇時三〇分より「草を刈る娘」の題名があった。ちなみに同年八月三一日のＴＢＳお好み映画館と同局一九六六年六月一日の放映時での題名では「思春の泉」となっている。恐らくこの映画同じ作品なのに、放送事前に画像を確認した局と配給会社より送られたプレスシートのまま掲載した局との違いなのであろう。

東宝四十年史に東宝劇映画作品リストがある。この中に新東宝「浮世も天國」の改題新版として「女房なんかは恐くない」があるがこの題名も、キネマ旬報や映画年鑑には掲載されていない。新東宝は他社の封切館が週二本立てならば一本多く三本立てにすれば入るかもしれないと考えたのか？しかし新作は増産できる体制ではない。そこで上映時間をさらに短くするために会社の看板であるはずの社名ロゴマークも削除して上映時間の短縮を図った、と思われる。

普通映画製作する場合、最初に題名を決定することから始まり決定されると直ちにポスターやプレスシートなどの宣伝材料作成に取り掛かる。しかし新東宝に関して云えば仮題のまま先行をしてポスター作成を急ぎ、決定したタイトルクレジットが完成した時であっても、宣伝材料は一切訂正していない。例えばポスターは「唄祭り江戸っ子金さん捕物帖」、画像が「唄祭り江戸ッ子金さん捕物帳」と二字も異なる。ポ「続勤王？佐幕？女人曼陀羅」→画「勤王？・佐幕？・女人曼陀羅後篇」、ポ「剣豪相馬武勇伝檜山大騒動」→画「檜山大騒動」、ポ「渡辺邦男・嵐寛寿郎二百本記念映画怨霊佐倉大騒動」→画「怨霊佐倉大騒動」ときりがない。

インターネットデータであるが、下村健氏が国際放映株式会社の協力を得て作成した「新東宝データベース１９４７―１９６２」はまさに理想的な映画資料であると思う。すべてではないが、まずタイトルロゴを映像から紙焼きをして正確な題名が確認できる。公開日、製作配給、尺、色彩、画面サイズ、スタッフ、出演者と続き、最後にポスターと国立映画アーカイブ収蔵の有無まで書かれてある。残念なのは出演者の「役名」の洩れだけ。特に驚異的とも思えるのは、掲載されたポスターの枚数が、一〇二六枚以上は確実にある。短篇や外国映画、改題新版を除くと調査の結果は「新東宝映画七〇二本」でありポスター数が異常に多いことが判る。以下、二〇二二年一二月末までに判明をした再映改題版を配給会社別に列挙した。

【新東宝】「女房なんかは恐くない」「森繁の腰抜け剣豪二刀流」「金語楼の東京河童まつり」「怪談鍋島の猫」「第二次世界大戦史上最後の大激戦」「爆笑黄金天国」「脱線恋愛三代記」「森繁金語楼の最低社長と最高運転手」「エノケンの剣豪奮戦記」「金語楼伴淳の三連勝幸運娘」「仁侠三人男」「嵐寛寿郎金語楼捕物帖謎の必殺剣」「小林桂樹森繁の恋愛大洪水」「若さま侍捕物帖恐怖の仮面」「激怒する牡牛」「空手三四郎」「殴り込み清水一家」「改訂四谷怪談」「正邪の魔剣」「金語楼の豚馬社長」「艶姿恋の乱調子」「化物峠の秘

SHINTOHO
★明3日封切
東北の高原にさんらんと振りまく青春の息吹きと悩ましいお色氣！
思春の泉
新東宝の青春特作

『思春の泉』新聞広告（朝日新聞　昭和28年11月2日）

宝」「大江戸花合戦」「唄祭り佐太郎三度笠」「角兵衛少年と天狗騒動」「爆笑交狂楽」「夜襲清水港」「若さま侍捕物帖まぼろしの恐怖」「金語楼の子宝騒動」「青春大驀進」「若さま侍捕物帖謎の折鶴頭巾」「復讐は拳銃？硫酸？」「うら表浮世騒動」「女狐手裏剣」「五人の犯罪者」「凸凹青春特急」「海賊浪人街」「花ごよみ女一代」「大利根の勝鬨」「初恋バナナ娘」「金語楼の喜劇王と門番」「右門捕物帖謎の妖艶寺」「娘十九は花ざかり」「狼ボスを倒せ」「夜の牝猫」「無法街の脱獄」「まぼろし狐」「決斗勝鬨橋」「怪談かさねが渕怪談累が渕より」「闇の帝王と戦う兄弟」「ひばりいづみの夕月城の歌姫」「怪死美人の紛失」「ひばりのたけくらべ」「青春スピード時代」「弥次喜多と水戸珍遊記」「緊急非常手配」「青春無銭旅行」「現金と美女と三悪人」「激闘三角飛び」「凸凹珍婚終点」「名剣虎徹と近藤勇」「黄金娘とインチキ師」「結婚三重衝突」「護持院ヶ原の決闘」「恐妻愛妻土俵入り」「魔拳十年殺し」「鞍馬天狗青銅悪鬼」「鞍馬天狗」「ラッキー百万円娘びっくり五人男より」「浴槽の蛇夫人」「二人若様浮世絵騒動」「殺人犯絶体絶命」「喧嘩社員とガンコ社長」「利根の血しぶき」「かくれた二号亭主」「女勝負師」「接吻の谷間」「底抜け社長の失恋」「警察官と暴力団」「童貞社長と女秘書」「死刑囚とヘボ探偵」「花くらべお守り変化」「絶壁の鬼娘」「女体の泉」「婦人科医の秘密」「転落の十代娘」「高島忠夫の野球狂時代」「森繁のペテン王わが名はペテン師より」「海上Gメン」「百万円恋合戦」「龍虎の栄冠」「血吹雪下田街道」「雪村いづみフランキー堺高島忠夫の歌う銀座三羽烏」「魔剣の対決」「浅間の佐太郎」「新遊侠傳暴力野球団前篇」「新遊侠傳暴力野球団後篇」「大学の美剣士」「将軍をめぐる愛妾絵巻」「電波殺人命令」「脱線亭主教育」「編集長ボスに挑戦」「腰抜け捕物帖女肌騒動」「死の追跡者」「大学の無敵剣士」「優等社員」「希望の青空」「父と娘と母」「復讐する母」「銀座の猛者銀座三四郎より」「南米空路の花嫁」「百両三度笠」「女のすべて」「謎の報酬」「結婚迷路」「色事は俺にまかせろ」「女性操縦法グッドバイより」「争う美人姉妹」「森繁のサラリーマン讀本」「脱獄犯」白鳥の騎士仮面の勇者」「絶海のSOS」「森繁高島小林の色男三人野郎」「疾風鬼姫街道」「復讐の血文字党」「森繁の色暦東下り」「ジャジャ馬娘婿取り合戦」「白馬の麗人嵐を呼ぶ紫の女」「妖雲漂う南部藩」以上、一二九本。

【松竹】「愛艶草紙」「假名手本忠臣藏前篇」「裸の天使よりストリップパラダイス」「青春の告白」「クレージーの花嫁と七人の仲間乱気流野郎」「おったまげ村よりはったり野郎」「喜劇出たとこ勝負『ちんじゃらじゃら物語』より」さすがに老舗の松竹の改題版は七本だけ。

【東宝】「エンタツアチャコの美人島探険」「珍版大久保彦左衛門」「韋駄天五十三次」「戀の風雲兒」「エノケンの法界坊改修版」「エンタツアチャコのこれは失禮」「二人妻」「ハルピンの歌姫」「アチャコ青春日記」「血闘柳生谷日本劍豪傳より」「伊那節仁義伊那の勘太郎より」「珍説國定忠治」「将軍を狙う女東海美女傳より」「元禄あばれ笠浪曲忠臣藏より」「浮かれ大名唄まつり百万両より」「母恋道中」「エンタツアチャコの腰抜け武勇傳」「アジャパー騒動」「トンチンカン長屋騒動」「三味線侍山茶花街道改め」「素浪人劍法」「チエモアチャコエンタツのお嬢さんと探偵」「お笑い大福帳」「男性No.1より顔役無用」「剣雲鳴門しぶき阿波の踊子改め」「怪獣大戦争キングギドラ対ゴジラ」「喜劇駅前旅館(ポスターのみ)」「ゴジラモスラキングギドラ地球最大の決戦」「天才詐欺師物語たぬきの中の狸」「ある詐話師の物語猫と鰹節」「ゴジラエビラモスラ南海の大決闘」「ゴジラ電撃大作戦」以上、三二本が東宝。

【日活】「鞍馬天狗角兵獅子」「神変麝香猫」「鞍馬天狗逆襲篇」「天狗廻狀」「相馬大作誠忠録江戸の龍虎」「清水港代参夢道中」「風雲兒信長」「愛憎三都錦繪」「忠臣藏赤垣源藏討入り前夜」「戰争と将軍」「血闘高田馬場」「決闘高田馬場」「鞍馬天狗龍驤虎搏の巻」「忍術三妖傳」で日活は一四本。

【大映】「江戸の暴れん坊江戸の朝霧改修版」「狂戀の女師匠」「孫悟空」「東海二十八人衆東海水滸傳改修版」「劍雲三十六騎伊賀の水月」「右門捕物帖護る影」「初祝二刀流」「鞍馬天狗黄金地獄」「花嫁一本刀三代の盃改修版」「美女劍光録小太刀を使ふ女改修版」「宮本武蔵金剛院の決闘」「暁の鼓笛隊」「恩讐を越えて」「新門辰五郎」「お伊勢詣り」と大映は一五本しか見つけられなかった。

【東映】「アジャパー女房」「水戸黄門」「大菩薩峠甲源一刀流の巻」「素浪人五十三次」「江戸の花和尚人斬り数え唄」で東映は五本。

【その他】「小平太何処へ行く＝四十八人目の浪士」「三日月仁義」「悲願千早城」「桃色新婚騒動記わがはいはノミである」「鏹正流仁念寺奇談＝右門捕物帖仁念寺奇談」「月光赤城颪」とその他の配給作品は六本。

【NFAJ】「妖刀斬魔劍」「任侠男の中の男」「怪盗般若變化」「兇状旅信州路」「純情の光」「この父に罪ありや」「人斬り将軍」「大江戸の闇」「伊豫の狸合戰」「大岡政談謎」「名月狸御殿」「京洛秘帖」「虎造の清水港」「隠密秘寶帖」など国立映画アーカイブにも一四本あるが詳細は不明である。

最後は最も難解である「地方版」の題名。高槻真樹氏の「活動弁士の映画史」による題名を列挙する。疾風天狗蜘蛛＝化粧ぐもの伊那の弥太っぺ、旗本五人男、魚屋剣法、春雨子守唄、剣雲龍虎の渦巻、銭形平次捕物帖怪異の鬼、剣侠足軽仁義、剣難鍔鳴街道、悲願修羅場、疾風落花地獄、好盗緋牡丹変化、謎の怪盗、恋慕薩摩飛脚、金雲鎌倉山、弥次喜多丹下左膳の巻、ほりもの怪盗伝、奇縁世相、唄祭東海道、浮世草紙、悲願美女桜、任侠海鳴街道、旗本任侠史、阿修羅の坊太郎、蜘蛛、血風浪人笠、慈愛いろは帳、天保長脇差、悲願修羅城、三十五万石の殿様、復讐の血煙、振袖小僧、奇傑剣風大名、剣雲槍合戦、地獄峠、振袖剣法、少年悲歌、紫頭巾、男伊達喧嘩の花笠、江戸の夜祭、嵐、愛憎血刃録、雪子の結婚

　以上である。個人的には、これらの題名の映画はGHQへ申請をして検閲を受けたとは考え難い。地方であるが故に自由勝手に観客に新作であるようかに偽って興行したのではないのか。想像であるが、当時の地方の興行会社には金と力があり、製作配給会社より宣在やプリントを借り入れると、勝手に題名を変更し、ポスターを自社で作成していた。中にはお金をかけてまで変更した題名をプリントに先付けしプレスシートまで印刷している実例もある。

　一九五三年七月一日公開、東映嵐寛寿郎主演「源太時雨」がタイトルロゴを「源太あらし」に変更しプレスシートまでがある。東映に質問をしたが当然ながら知らないようだ。画像では映倫申請はされておらず映倫番号もない。長谷川伸原作で有名な「源太時雨」では題名を変更する理由は一向に見当たらない。

　再映とは知らずに失敗？した例もある。映画を観る時に映倫番号など気にする方は少ないだろう。二〇二二年一月一〇日NHKの地上波で放映された黒沢清監督の「スパイの妻」を観ていたらニュース映画の場面に続き、日活の旧作、山中貞雄監督作「河内山宗俊」のタイトルクレジットが一瞬流れた。これは戦前の日活で一九三六年四月二九日に公開されたものだが、恐らく一九四〇年頃の時代を表すために採用したのだろうが、この映倫マーク「S―21」は、敗戦直後に「再映」されたもので映倫審査番号が「S版」である。現存するこの映画は戦前の映画を戦後再映した映画なのである。

　はじめて劇場で観た人にとっては、新作だろうが旧作だろうが関係がない。しかし観た映画を映画関連書籍で調べたところ「題名がない！」では困る。

　日本映画製作者連盟や映倫管理委員会は、たとえ改題したものであろうとも公開済の作品は記録に残していないとか？　文献資料に題名はなくネット検索もできない二二三本は資料としては原題を併記すべきだが省略をした。ほかに量産された成人映画も含めると恐ろしいほどの改題版がある。今回、歴史に埋もれた日本映画の題名をできる限り拾ってみた。

（もがみ・としのぶ）

人を見る目がない

諸口十九の末路

宇佐美晃

門脇陽一郎『戯曲集お坊ちゃん』（萬里閣書房　昭和4年刊）

無声期の二枚目・諸口十九。フィルム保存の観念が無い吾国のこと、彼も今では若干の作品が残るのみ。トーキーまでネバッてれば…しかし彼は実演に行ってしまう。人気が落ちたうえは新進のワキを務めるしかない。ならば、たとえドサでも主役を立て通せる場所を選ぶ。哀しいプライドだ。森雅之が新派に行った動機と同じだね。でも愛人・筑波雪子と相携えての流浪の旅は、道行めいた甘い味わいもあって、ちょい羨ましい。

彼は舞台でどんな演目をやっていたのか。その実例が本書。全7篇の大半が、諸口一座の為に書かれたものだ。

書名になっている「お坊ちゃん」は、人の好さから、他人の恋を成就させるために悪い奴にカネを絞られる若旦那の話。松竹・蒲田で諸口がアテた島津保次郎監督の同題映画とは関係ない（あちらは水島あやめ脚本）が、鷹揚でカネ離れの良い主人公に感情移入があっての依頼だろう。これと続篇「お坊ちゃん　失恋の巻」は彼が主人公を演じたと思うが…本書は配役を記してないので、確言できないのが難。主人公を騙す悪党が筋のうえではキモだし、登場シーンも多いので、諸口はこちらを主役と考えた可能性もある。

「サーカス」は、悪い太夫元に迫られている少女を助け、彼女に岡惚れしている男と共に逃がしてやる男…カッコイイから、これが諸口かな。「水魚の交り」は二人の男を手玉にとり、狂言自殺までする女の話。このズベ公が筑波雪子なら藝者上がりの彼女にピタリだな。諸口は彼女の夫の方か、情夫の方か…むろん、配役が記してないうえは、別の役者の為の戯曲かもしれない。当方が勝手に想像して楽しんでるだけデス…いずれにせよ、本作が一番面白い。得手勝手な言い分を吐き散らす女の性格も、男たちのエゴイズムも、冷徹に描かれているからだ。

とはいえ、以上はずいぶんと下駄を履かせた評価。あとのモノは、ぐっと落ちる。筋も人物像もありきたり。ユーモアも古臭い。そもそも作者・門脇自身が「をはりに」でこう書く。「浅草のバラック劇場で、十日替りの狂言に追はれながら、酒の力をかりて書きなぐつたものばかりだ。どれもこれも全くの一夜漬けだ」。ひでえなあ。謙遜のつもりかもしれないけど。そして「僕はバラック劇場の座附作者だ」「諸口一座と共に旅にゐる」。だから出版にあたっても再読して改稿したりもできない、との言訳けが続く。正味の話、諸口は作者の善し悪しを、人を見る目が無かったのだ。いや、場末のコヤじゃ、この程度がちょうどいい、とも言えるか。

こんなユルイ作物に、昔の縁から序文を寄せている谷崎潤一郎と白井喬二両先生、御苦労様です。

（うさみ・あきら）

シネラマの興亡（完結編）

強湾曲スクリーンだけが残った

内山一樹

◆キノパノラマ—ロシアのシネラマ

ウルトラパナビジョン撮影によるシングル・シネラマの最後になる『カーツーム』がアメリカで公開される1966年6月の2か月半前、66年3月末に、ロシアの「キノパノラマ」作品を再編集した『シネラマのロシアの冒険』がスーパーシネラマ劇場で公開された。案内役はハリウッド・スターのビング・クロスビーで、プロローグに登場する他、本編のナレーションも担当している。

キノパノラマ Kinopanorama（кинопанорама）とはロシアのシネラマである。シネミラクルと同様、キノパノラマの上映プリントの規格もシネラマと同じなので、シネラマ映写機で問題なく映写出来た。

1954年9月から1か月、シリアのダマスカスで第1回ダマスカス国際見本市が開催され、アメリカ国務省の援助による仮設のシネラマ劇場で『これがシネラマだ』（52）が上映された。第2次大戦後の東西冷戦状況の中、アメリカとの対立を深めていたソ連（ロシア）は、ここでアメリカの国威を発揚するシネラマを見るとすぐに対抗して35ミリ・フィルム3本の映像を湾曲スクリーンに映すシネラマと同様の巨大映像システムの開発を開始した。開発チームのリーダーはソ連の映画写真科学研究所（英語表記 Scientific Research Cinema and Photo Institute。ロシア語からの略称NIKFI）のエフセイ・ミハイロヴィッチ・ゴルドフスキー（ローマ字表記 Evsei

Mikhailovich Goldovski／1903～1971）である。ソ連で当初、単に「パノラマ」と呼ばれたキノパノラマは1957年に完成した。シネラマと同様、4本目の35ミリ・フィルムに記録されていたサウンドは、シネラマの7チャンネルに対し、キノパノラマは9チャンネルだったが、それ以外はキノパノラマとシネラマは全く同じと言ってよかった。

キノパノラマ第1作『広大なる我が祖国』Shiroka strana moya radonaya（ロシア語のローマ字表記／以下同じ）は58年2月28日にモスクワのキノパノラマ劇場で公開された。この作品は58年4月から10月までベルギーで開催されたブリュッセル万国博覧会でも上映され、特別賞を受賞した。またこの作品と第2作の『魔法の鏡』Volshevnoye zerkalo（58）は、アメリカでも公開され、『広大なる我が祖国』が59年6月30日に、『魔法の鏡』が7月21日に、ニューヨークのメイフェア劇場で上映されている（アメリカ公開題名はそれぞれ"Great is my Country"と"The Enchanted Mirror"）。

3面方式のキノパノラマは8作品、ウルトラパナビジョンと同様のキノパノラマ70による70ミリ・フィルム1本方式のキノパノラマは7作品製作され、最後の作品は66年製作と言われる。キノパノラマ劇場は、モスクワの他、レニングラード、キエフ等、ソ連に7館、59年にはフランスのパリにも1館オープンした。

『シネラマのロシアの冒険』は、『広大なる我が祖国』を始めとするキノパノラマ6作品のハイライトをピックアップしてアメリカで編集したものだが、この作品も、2016年、『ベスト・オブ・シネラマ』と同時期に修復・復元されて、フリッカー・アレイからスマイルボックスのブルーレイが発売されている。

●『シネラマのロシアの冒険』Cinerama's Russian Adventure

1966年3月29日公開（日本未公開）

最初に公開されたシカゴのマクヴィッカーズ劇場では3面シネラマで上映されたが、他の劇場では70ミリ・プリントで上映された。

序曲3分16秒（途中2分38秒でスタンダード・サイズの幅だけ幕が開いてクレジットタイトルが38秒で7枚出る―3枚目はメインタイトル）・第1部（クレジットタイトルの後から）61分03秒（休憩15分―第2部の序曲3分18秒を含む）・第2部57分37秒・退場音楽2分03秒。序曲から退場音楽終了までのこの作品の上映時間は2時間03分59秒（+休憩15分）。

序曲とクレジットが共にF・Oして終わった後、画面はスタンダード・サイズのままF・Iすると室内の机に腰掛け、バラライカを手に鼻歌を歌うビング・クロスビーがいる。「これはロシアの楽器だ」とバラライカを置くと彼はそばにあるシネラマ・カメラを説明する。そしてこのカメラと共に我々が少ししか知らない大国、ロシアへの冒険に行くことを告げる（54秒でF・O）。素早くF・Iすると雪道を驀進する3頭立ての馬ソリを仰ぎ気味に前から撮ったシネラマ画面になり、幕が全部開く。画面はすぐ馬ソリからの高速主観前進ショットになる（もちろん冒険を共にするのはシネラマ・カメラではなくキノパノラマ・カメラだが）。

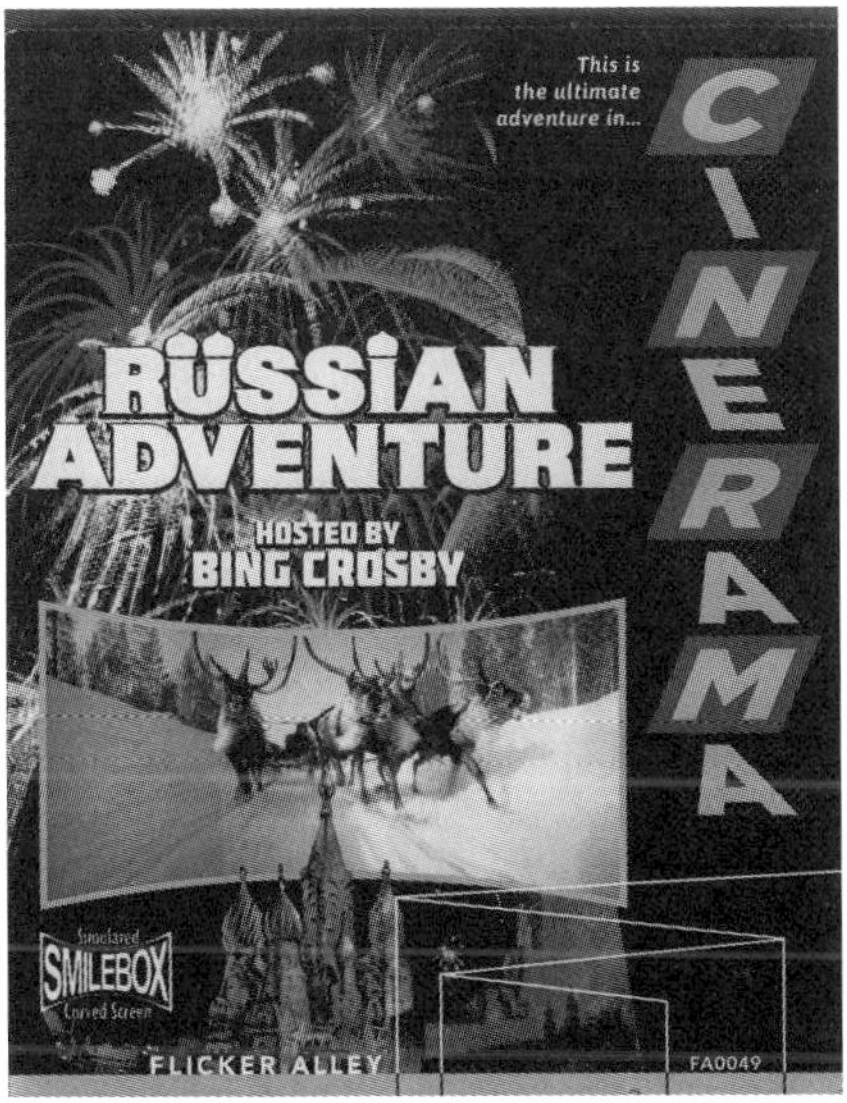

第1部では、広大なロシアの山河の他、モスクワの地下鉄駅、スキーやスケート、寒中水泳、北氷洋の捕鯨、サーカスの演目等が紹介され、モスクワ劇場でのフォークダンスで始まる第2部では、工場地帯の他、穀倉地帯や雪山の空撮、森の老人の暮らし、砂漠や海辺の狩猟の後、ボリショイ・バレエ団のバレエの数々（スタジオ撮影）をたっぷりと見せて、夜明けの雲海の空撮前進ショットをバックに上へのロールのスーパーでエンドクレジットとなる。

素材となったキノパノラマ作品は、先述の『広大なる我が祖国』（58）と『魔法の鏡』（58）の他、『ヘリコプターによる予期せざる1時間の旅』Chas neozkhidannymkh puteshestviy v polyote na vertolyott（60）、『4番目のパノラマ映画作品〈サーカスの演技〉〈赤の広場にて〉』Chetvyortaya programma panoramikh filmov “Tsivkovoye predstavleniye” “Na krasnoy ploshchadyu”（61）、『素顔のソヴィエト連邦』SSSR s otkritim serddem（61）、『驚異の狩猟』Udivitelinaya okhota（62）の計6作品である。

『シネラマのロシアの冒険』を製作したのは、冒頭に「ハロルド・J・デニスとJ・ジェイ・フランケル提供 HAROLD J. DENNIS and J. JAY FRANKEL Present」と出る2人である（その後に「J・ジェイ・フランケル作品 J. JAY FRANKEL Production」と出て、クレジットの最後に「製作ハロルド・J・デニス Produced by HAROLD J. DENNIS」と出るのでフランケルの方がやや立場が上か。）

J・ジェイ・フランケルは、ディスク封入の復刻プログラムによると、当時28歳の青年ながら映画の輸出入会社を経営し、10年以上に渡って映画によるアメリカと東欧の文化交流に尽力した人物。ハロルド・J・デニスは30年代末に映画界に入るが戦後はテレビ製作の現場に移り、ディレクター、プロデューサーとして活躍、ビング・クロスビーの会社を経て、テレビとCMを製作する自分の会社を立ち上げた、とある。

製作統括 Production Supervisor は、『不思議な世界の物語』と『西部開拓史』でも同じ職名だったトマス・コンロイ。編集助手としてハロルド・J・デニスの息子、ハロルドJr.とクレイグの名があるが、誰が編集したかはクレジットされていない（恐らく製作の2人と製作統括のコンロイだろう）。

『シネラマのロシアの冒険』は日本では公開されなかったが、別のキノパノラマ作品が公開されている。

1962年7月1日に浅草松竹座（3階席まである1058席の大劇場）で公開された『大いなる楽園』Dva chasa v SSSR（59）（英題 Two Hours in USSR、仏題 Deux heurs en USSR）がそれで、『シネラマのロシアの冒険』のようにキノパノラマの最初の2作品『広大なる我が祖国』と『魔法の鏡』を再編集して1作品にしたものだ。パリに作られたキノパノラマ劇場のためにフランス人のJ・P・モクレール J. P. Mauclaire が編集し、1959年9月25日にパリで初公開されたが、その後、ドイツ、イタリアでも上映された。その作品が日本にもやって来たということである（日本公開の宣伝では「キネラマ」という名称も使われた）。松竹座でのキノパノラマ公開は、衰退しつつあった浅草の復興の意味もあったが、残念ながら不入りのため10月29日、4か月で上映は終了した。浅草松竹座はキノパノラマの設備を撤去して10月31日からSY系洋画封切館に戻ったが、翌63年5月16日に50年に及ぶ歴史に幕を下ろした（『ロシアの冒険』が日本未公開なのはこの失敗があったからだろう）。

◆シングル・シネラマの頂点

1956年にジョセフ・R・ヴォーゲル Joseph R. Vogel（1895～1969）が社長になったMGMは、『北北西に進路を取れ』（59）、『ベン・ハー』（59）が大ヒットし、その勢いで3面シネラマの劇映画2作品、『不思議な世界の物語』（62）と『西部開拓史』（62）をシネラマ社と共同で製作した。この2作品も成功したが、続くウルトラパナビジョンの70ミリ大作『戦艦バウンティ』（62）は主演マーロン・ブランドの身勝手な要求に振り回されて製作費が高騰し（1900万ドル）、3000万ドルの興収がないと利益が出ない事態になった。結果は興収1360万ドルでそれだけを見ればヒットの数字だったが、作品は大赤字となり、責任を問われたヴォーゲルは63年に社長を解任された。

ヴォーゲルの後を継いでMGMの社長に就任したのは米国証券取引委員会（SEC）出身のビジネスマンでその時、MGMの親会社ロウズにいたロバート・H・オブライエン Robert H. O'Brien（1907～1997）である。大作主義を変えないと約束した彼の指揮の下、『ドクトル・ジバゴ』（65）や『特攻大作戦』（67）等のヒットでMGMの赤字は解消される。この時期、オブライエンが製作にゴーサインを出し、シネラマで公開されたのが『グラン・プリ』（66）、『2001年宇宙の旅』（68）、『北極の基地 潜航大作戦』（68）の3作品である。

●『グラン・プリ』Grand Prix

序曲4分36秒・第1部100分14秒（休憩10分―第2部の序曲1分35秒を含む）・第2部69分30秒（退場音楽はない）。序曲からエンドクレジット画面が消えるまでのこの作品の上映時間は2時間54分20秒（＋休憩10分）。

1966年12月21日にニューヨーク・プレミア、22日のボストン、ロサンゼルスの後、67年1月25日からシカゴ他7都市、2月1日にはアトランタ他8都市（カナダのバンクーバー、日本の東京を含む）が加わって公開された。

50年代に始まり現在も開催されているレースカー、フォーミュラ・ワン（F1）のグラン・プリ・レースは、世界各国で行われるレースの順位による得点合計で優勝が決まる（この映画ではモナコ、フランス等ヨーロッパ7か国にアメリカとメキシコを加えた世界9か国）。そのレースで戦うアメリカ、イギリス、フランス、イタリアの4

人のレーサーを主人公に、F1レースのスピードと興奮、それぞれの妻や恋人、ライバルとの人間ドラマを描く娯楽大作。

出演はジェームズ・ガーナー、イヴ・モンタン、エヴァ・マリー・セイントの他、アメリカ人レーサー（ガーナー）を助ける日本チームのオーナー（明らかに64年からF1グラン・プリに参加した日本の本田技研の社長・本田宗一郎がモデル）として三船敏郎が4番手にクレジットされている。

監督は『終身犯』（62）や『大列車作戦』（65）で注目されていたまだ30代のジョン・フランケンハイマー。『5月の7日間』（64）以来のプロデューサー、エドワード・ルイスと彼のコンビは、この映画の成功でMGMと4本の製作契約を結び、この後『フィクサー』（68）や『さすらいの大空』（69）を生む。

『アラビアのロレンス』（62）以来、70ミリ大作の音楽を何本も手掛けたモーリス・ジャールの音楽もドラムとトランペットでF1レースのスピード感を現していて素晴らしい。

しかし、何よりもこの映画の魅力は車載カメラによる高速主観前進ショットで、このショットがシネラマならではの臨場感を味わわせてくれる。曲がりくねったモナコ市街の一般路がレース場になる冒頭のモナコ戦では、レース場まるまる一周を主観前進のワンショットで見せてくれる。このモナコ戦の主観前進ショットは、前回に述べたシネラマで公開された西ドイツのドキュメンタリー『地中海の休日』（62）の第2部後半に既にあり、恐らく非常に印象的だったそれが本作製作のヒントになったのだろう。

またタイトル・デザイナーのソール・バスが、レースカーの部品やドライバーのアップとマルチ画面を使ったタイトル・シークェンスのモナコ戦の他、ベルギー戦やフランス戦、オランダ戦の演出にも協力している。手前の焦点の合った花や人の後ろを焦点の外れたレースカーが疾走するフランス戦のショット等にはバスと親交のあった市川崑監督『東京オリンピック』（65）の自転車競走のシーンの影響が伺える。

興行は大ヒットとなり、アメリカの国内配収は930万ドルでその年の7位、全世界の興収は2080万ドルになった（製作費は900万ドル）。

1967年2月1日に、『カーツーム』に続いてテアトル東京とOS劇場で公開された日本でも、配収5億1000万円で67年の洋画興行2位の成績を収めた。66年度のアカデミー賞では本作は音響効果賞、音響賞、編集賞の3部門で受賞した。

オブライエン社長時代のMGMで製作されたシネラマ3作品は全て、ウルトラパナビジョンのように映像の左右圧縮を行わない正像撮影のスーパーパナビジョンで撮影された。『グラン・プリ』は、スーパーパナビジョンによるシングル・シネラマの最初の作品になるが、本作から、プリント作成段階でこれまでのウルトラパナビジョン撮影作品で行われた湾曲スクリーン用の「調整プリント」Rectified print が作られなくなり、通常の70ミリ映画と同じ「フラット・プリント」で上映されるようになった。ウルトラパナビジョンではない、スーパーテクニラマの『サーカスの世界』とMCS–70の『地中海の休日』もシネラマ上映の際、「調整プリント」は作られなかったのではないかと疑われるのだが、「調整プリント」は湾曲スクリーン上の映像の歪み補正には大して効果がないことが分かり、何よりプリント作成段階で一工程増えることが画質の劣化を招くので、この時、「調整プリント」廃止の判断がなされたのだろう。

ウルトラパナビジョンを除いて、スーパーパナビジョンを始めとする全ての70ミリ映画の画面比はトッドAOに準じた2・2対1である。平面に伸ばすと2・59対1になるシネラマ・スクリーンに映した場合、ウルトラパナビジョンの左右と違って、上下が若干トリミングされることになる。

× × ×

『バルジ大作戦』（65）で製作に手を染めたウィリアム・フォアマンが社長のシネラマ社は、1967年、主に外国映画とABC映画を配給する配給会社としてシネラマ配給会社 Cinerama Releasing Coropration = CRC を設立した。ABC映画 ABC Pictures は、アメリカの3大テレビ・ネットワークの一つABC放送 American Broadcasting Company の一部門が67年に独立した映画会社で、当時『まごころを君に』(68)や『シャラコ』(68)、等を製作している。
CRCが最初に配給した作品が『バルジ大作戦』に続いてフォアマンが製作に関わった『カスター将軍』である。

●『カスター将軍』Custer of the West

1967年11月9日、ロンドンでワールド・プレミア。68年1月24日のダラスの後、25日からデンバー他、全米各都市で公開された。

シネラマ上映なので、序曲・休憩音楽・退場音楽が当然あったと思われるのだが、2017年にアメリカのキノ・ローバーKino Lorberから「スタジオ・クラシックス」シリーズで発売されたブルーレイは141分の本編のみでそれらの音楽は入っていない（チャプターと聴覚障害者用の英語字幕は付いているが特典は『モンテ・ウォルシュ』等、ジャンルは同じ西部劇だが直接関係ない5作品の画質の悪い予告編だけという残念なディスク）。

南北戦争で軍功を挙げ、その後、1876年、第7騎兵隊を率いて先住民の部族連合軍と戦ったリトルビッグホーンの戦いで、全滅した隊と共に戦死した歴史に名高いジョージ・アームストロング・カスター（1839〜1876）の半生を描く西部劇、と言うよりは歴史ドラマである。カスターの最期は『壮烈第七騎兵隊』（41）や『アパッチ砦』（48）等、多くの映画の題材になっている。

カスターには『バルジ大作戦』でドイツ軍のヘスラー大佐を好演したロバート・ショウ、その妻には実際にショウの妻でもあったメアリー・ユーア、カスターの部下にジェフリー・ハンターとタイ・ハーデン。

元々は20世紀フォックスの企画で65年頃、『カスターが倒れた日』The Day Custer Fellとしてフレッド・ジンネマンの監督で製作準備が進んでいたが（カスターにはロバート・ミッチャム、先住民のシッティングブルには三船敏郎が予定されていた）、製作費の関係で中止となっていた。『バルジ大作戦』を製作したベテランの脚本家フィリップ・ヨーダンがこの企画を引き継ぎ、改めて旧知のバーナード・ゴードンとジュリアン・ハルヴィに脚本を書かせた。監督はリンゼイ・アンダーソンに頼むも断られ、最終的にロバート・シオドマクになった（『暴走機関車』の頃の黒澤明にも打診したらしい）。

シネラマ上映を想定して製作されているので、この映画にも『バルジ大作戦』と同様、高速主観前進移動のシネラマ・ショットがある。2人の男が縛り付けられた馬のつながれていない馬車が片側が崖の曲がりくねった山道を暴走するシーンと材木伐採中、先住民に襲われた騎兵隊員が材木につかまって、川の水を引き込んだ延々と続く大きな木製の樋を湖まで流れて行くシーン、それに先住民に襲われた列車が、機関車から外れて橋が燃え落ちた谷に向って線路を逆走するシーンである。しかし、ショットが短かったり、カメラがぐらぐらして遠近法の消滅点が中心に定まらなかったりしてもう一つ効果が上がらない。

この映画は全編スペインで撮影されていて、撮影もチュチリオ・パニアグアというスペインのカメラマンだが（撮影方式は35ミリ・フィルムを水平走行させるスーパーテクニラマ）、最後の戦闘シーンも相当の数の人と馬を動員しているのに、構図が引きすぎているのか、広大な風景の中で小さくまとまってしまって迫力がない。

脚本は、公民権運動が高まっていた製作当時、カスターと対立する先住民をそれまでの西部劇のように悪役として描くことが出来ず、かと言って主人公のカスターを悪く描くことも出来ずに焦点のぼやけたものになっている。

何より、『らせん階段』（45）のようなミステリー映画、『裏切りの街角』（49）のようなフィルム・ノワールで才能を発揮したシオドマク監督には全く向いていない題材だったようでキャリアの最後を汚す残念な結果になってしまった。

この映画はフィリップ・ヨーダンとルイス・ドルヴィットのプロダクション、セキュリティ・ピクチャーズが銀行から600万ドルを借り入れて製作したのだが、映画の出来を反映して配収は40万ドルにしかならない大惨事となった。負債の返済には、表立ってはいないがセキュリティと共同製作のパシフィック・シアターズ（シネラマ社の親会社）、冒頭に「シネラマ社提供」CINERAMA PRESENTS」と出るシネラマ社、著作権保有者と表示されているABC放送が責任を取ったと思われる。

しかし日本ではこの映画はヒットした。

67年12月にCRCの海外セールス部門、シネラマ国際配給機構 Cinerama International Releasing Organization = CIRO と1年に最低10本、契約期間は2年以上という包括契約を結んだ松竹映配はCIROから最初の作品としてシネラマの『カスター将軍』を提供された。松竹の子会社が配給する映画は東宝系の劇場であるテアトル東京とOS劇場では上映しない慣例だったので、松竹・東急系の劇場、松竹セントラル、渋谷パンテオン、新宿ミラノ座の3館を新たなスーパーシネラマ・チェーンにして68年2月24日から「シネラマ・チェーン結成記念」を謳って公開したところ、配収2億2000万円を稼ぎ、68年の洋画興行7位の好成績を挙げたのである(パンテオンとミラノ座はシネラマ・スクリーンへの改装のため2月22・23日は休館した。『ビッグトレイル』以来、シネラマ・スクリーンのままだったセントラルは23日まで前番組のソ連の70ミリ映画『戦争と平和・完結篇』を上映した)。

65年1月にMGMが、スタンリー・キューブリックが製作・監督するシネラマの宇宙映画「星々の彼方への旅」Journey Beyond the Stars の企画に出資を決め、2月23日にその製作を発表した時、公開は66年末か67年春に予定されていた。しかし完全主義のキューブリックが試行錯誤して作り上げて行った特殊効果の撮影に時間がかかり、65年4月に正式題名が『2001年宇宙の旅』に決まった映画の完成は大幅に遅れていた（フォアマンが『カスター将軍』の製作に関わったのもキューブリック作品の穴埋めになるシネラマ映画を67年中に出したかったからかも知れない）。

『カスター将軍』が全米各地と日本で上映中だった68年3月7日、3月末のアメリカでのプレミアのため、2月に作品をほぼ完成させたキューブリックは家族と共に豪華客船クイーン・エリザベス号でロンドンからニューヨークに向けて出発した（『2001年』はキューブリックの住むイギリスの撮影所で撮影されていた）。

●『2001年宇宙の旅』2001: A Space Odyssey

序曲2分58秒・第1部86分50秒（休憩10分―第2部の序曲2分13秒を含む）・第2部54分19秒（うちエンドクレジット3分55秒）・退場音楽4分23秒（エンドクレジットで流れる8分18秒の「美しく青きドナウ」のうちエンドマークが消えた後の部分が退場音楽となる）。序曲から退場音楽終了までのこの作品の上映時間は2時間28分30秒（＋

休憩10分)。

1968年3月31日と4月2日にワシントン・プレミア、3日ニューヨーク・プレミアの後、4日から全米8館で限定公開、その後、5月にかけて全米と各国で順次公開されて行った(プレミアの不評を受けてキューブリック監督は再編集を行い4月9日に19分をカットする指示を上映中の各館に伝えた)。

400万年前の地球で、ある朝現れた不思議な黒石板(モノリス)に触れたヒトザルは道具を使うことを覚える。2001年、月面で発掘されたモノリスは木星に向けて電波を発し、宇宙船ディスカヴァリー号が謎を解くため木星に向かう…。

宇宙における人類の進化と超知性体の存在を、驚異的にリアルな特殊効果と美しい映像で描いた壮大なスケールの傑作。音楽は既成のクラシック音楽と現代音楽を独創的に使用している(テーマ曲のリヒャルト・シュトラウス作曲「ツァラトゥストラかく語りき」の冒頭はこの映画以来、すっかりポピュラーになった)。
出演はケア・デュリア、ゲイリー・ロックウッド、ウィリアム・シルヴェスター等、良い演技者だがスター・バリューの低い俳優ばかり。この映画のセールスポイントは有名スターではなく、特殊効果と監督のキューブリックだった。
今や、改めて説明するまでもない映画史上に輝く名作となった『2001年』だが、年配の招待客が多かったプレミアでは評判が悪く、途中退場する観客が続出した。しかし本興行になると、言語説明を極力排してシネラマの映像と音響を最大限に生かした視聴覚体験である『2001年』は、若い観客が押し寄せる大ヒットとなった。当初予算600万ドルだった製作費は1050万ドルまで膨らんでいたが、興収は最終的に1億4600万ドルに達した。

キューブリックが念願のSF企画をシネラマで撮ろうと決めたのはいつだろうか？　ヴィンセント・ロブロットの評伝「映画監督スタンリー・キューブリック」によると、当初、普通の35ミリのワイドスクリーン（1・85対1）で撮るつもりだった彼にシネラマを勧めたのは彼と親しかったカメラマン（監督作もある）で、『2001年』のスターゲイト・シーンの空撮を撮影したロバート・ガフニーとなっているが時期は不明だ。

共同で脚本を書いた当時のSF小説の第一人者、アーサー・C・クラークとニューヨークで初めて会う64年4月の1か月前、キューブリックは助手にシネラマ社への手紙を書かせ、4月22日から開かれるニューヨーク万国博で上映される18分の短編『月とその彼方へ』To the Moon and Beyondを見せてくれないかと頼んだ。シネラマ社が映像システムを請け負ったKLMオランダ航空館の『月とその彼方へ』の映像システム「シネラマ360度」Cinerama 360°は、後の「オムニマックス」の祖と言うべきもので、半円ドームに、1コマが片側パーフォレーション10穴（通常の70ミリ映画は5穴）の70ミリ映像を魚眼レンズで1秒18コマのスピードで、下から上に向けて映写するシステムだった（上映される『月とその彼方へ』を製作したグラフィック・フィルムズ社の社員、脚本・監督のコン・ペダーソンと渦巻銀河を描いたダグラス・トランブルはその後『2001年』の特撮スタッフに招き入れられる）。

4月30日にシネラマ社からの招待券で『月とその彼方へ』を見たキューブリックはクラークにシネラマとはどういうものかを説明した（『これがシネラマだ』が52年に公開された時、自主製作の長編第1作『恐怖と欲望』を完成させたばかりの24歳のキューブリックはニューヨークに住んでいた）。その後、2人が脚本を書いていた作品は仮題として、シネラマの『西部開拓史』How the West was Wonをもじって『太陽系開拓史』How the Solar System was Wonと呼ばれるようになった。これはマイケル・ベンソンのメイキング本「2001：キューブリック、クラーク」に書かれていることだが、ロバート・ガフニーと話す中でキューブリックは『西部開拓史』の5つのパートに分かれた形式も、作ろうとしている宇宙叙事詩のモデルにしていた（『2001年』は4つのパートに分かれている）。

クラークにシネラマを説明したキューブリックは巨大映像のシネラマを熟知していた。

大スクリーンに拡大映写されてもリアリティを失わないようスペース・シャトルや月までの宇宙船、月面バスの模型は細部まで精巧に作られ、さらに宇宙ステーションや木星探査の宇宙船ディスカヴァリー号は通常の映画撮影の模型にはないほど大きく作られた。それらの窓には中で動く人の映像もはめこまれてリアリティをさらに増す。この窓の中の小さな映像などはシネラマの大画面でなければよく見えない大きさだ。また少しのブレも許されない自然な動きを得るために模型の動きは全てコマ撮りで撮影された（コマ撮りは全体に焦点を合わせるパン・フォーカスに必要な長時間露光のためでもあった）。

映像の合成は、コピーを重ねることで画質が劣化するオプチカル・プリンターによる一般的な光学合成を嫌い、1本の同じネガの上に部分的に露光させて行く、サイレント時代のような手間のかかるイン・カメラの技法が使われ、大画面でも鮮明な合成映像を実現している。

タイトルや木星圏での天体直列、あるいは見上げたモノリスの左右対称の構図は、整然とした秩序と神秘性を表しているが、これは中央パネルと左右パネルという3面シネラマの構図でもあった。

左右対称でなければならないのは、左右の視野部分が重要な役割を果たして最もシネラマ的な効果の得られる高速主観前進ショットだが、『2001年』ではスターゲイト突入のクライマックスでそのショットが登場する。ダグラス・トランブル開発によるスリット・スキャン・マシンで撮影されたスターゲイト突入シーンは、左右（後半は上下）に分かれた極彩色の光の中を猛スピードで突き進んで行く究極の主観前進ショットである。『これがシネラマだ』のローラーコースターで始まったシネラマの主観前進ショットは『グラン・プリ』のF1レースを経て、『2001年』のスターゲイトで頂点に達したと言えるだろう。

さらに、このスリット・スキャン・ショットの後、水槽の薬液に別の薬液を垂らして撮影された様々な星雲がうごめくシーン（スリット・スキャンをもっと複雑に使った異星人の宇宙船らしき多面体が飛んでいるショットもある）を経て、地球の色彩とは別の色彩を与えられ異星の景色となった海や山の上を飛ぶ空撮は、まさに3面シネラマ・トラヴェローグの宇宙版である（ジョン・フォード映画でおなじみの、『これがシネラマだ』にも出てきたアメリカ西部、モニュメント・ヴァレーの岩山も色を変えて出て来る）。

68年度のアカデミー賞では監督賞、オリジナル脚本賞、美術賞、特殊効果賞にノミネートされ、特殊効果賞だけを受賞した。特殊効果監督は4人クレジットされていたがオスカー像は1部門に3つまでだったので4人とは別に「全ての特殊効果の考案と監督」とクレジットされていたキューブリック1人がオスカー像を受け取った（キューブリックが個人として受賞した唯一のアカデミー賞）。

日本での公開はアメリカとほぼ同時で、68年4月10日にテアトル東京で特別有料試写会（プレミア）が行われた後、4月11日からテアトル東京と大阪のOS劇場で公開された（少し遅れて名古屋の中日シネラマ劇場でもシネラマで公開されたようだが詳細は不明）。日本でも配収2億6000万円のヒットとなり、68年の洋画興行の4位になった。

◆シネラマの衰退

『2001年宇宙の旅』が大ヒットを続けている中、68年11月にMGMは、ジョン・スタージェス監督にとって2本目となるシネラマ作品を公開した。

●『北極の基地 潜航大作戦』Ice Station Zebra

序曲1分48秒・第1部79分32秒（休憩10分―第2部の序曲2分00秒を含む）・第2部64分46秒・退場音楽2分34秒。序曲から退場音楽終了までのこの作品の上映時間は2時間28分40秒（＋休憩10分）。

1968年10月23日にロサンゼルス・プレミア、11月12日ヒューストンの後、13日から全米各都市で公開。

ソ連の人工衛星のカプセルがパラシュートで北極に降下した後、降下点付近のイギリス気象観測基地「ゼブラ」から救助を求める信号が発せられる。生存者救出のため、悪天候で航空機が近づけない極地に向けて、ファラデー艦長が指揮するアメリカの原子力潜水艦タイガーフィッシュ号が、スコットランドの港から出航する…。

「女王陛下のユリシーズ号」(55)や「ナバロンの要塞」(57)等の冒険小説で知られるスコットランドのベストセラー作家アリステア・マクリーンの小説「北極基地潜航作戦」(63)を原作にしたポリティカル・アクション。ミサイル基地を撮影したフィルムをめぐり、一つ間違えば第3次大戦になりかねない緊張の下、イギリスの諜報員やソ連のスパイも加わって米ソが対決する。

出演はロック・ハドソン、アーネスト・ボーグナイン、パトリック・マグーハン、ジム・ブラウン等の男性的な俳優たち。監督は興行的に失敗した『ビッグトレイル』(65)の後、『墓石と決闘』(67)で評判を取り戻したジョン・スタージェス。『ビッグトレイル』の失敗にも拘わらず再びシネラマ大作を任された。

『卑怯者の勲章』(64)をヒットさせたプロデューサーのマーティン・ランゾホフは、マクリーンの原作の映画化権を64年に取得すると、MGMの出資を得て、65年4月からの撮影を目指して製作を開始した。出演は同じマクリーン原作の大ヒット作『ナバロンの要塞』(61)に出演したグレゴリー・ペックとデヴィッド・ニヴンが完成作でハドソンとマグーハンが演じた役に予定されていた。しかし、『卑怯者の勲章』も書いたパディ・チャイエフスキー(アカデミー賞を3度受賞)の脚本にアメリカの国防省が海軍を誤解させると難色を示して協力を拒んだので、新たにハリー・ジュリアン・フィンクが再構築したストーリーをダグラス・ヘイズが脚本化した。フィンクは『ダンディー少佐』(65)の脚本家でこの後『ダーティハリー』(71)を書く。ヘイズはTV「ミステリー・ゾーン」(60~64)の監督から映画に進出し、自分の脚本で『セクシー・ダイナマイト』(64)と『ボージェスト』(66)を監督している。

ランゾホフは、新たな脚本と新たな出演者で企画を再出発させ、スタージェス監督の下、67年6月から撮影が開始された。撮影は『ウエスト・サイド物語』(61)でアカデミー賞受賞のダニエル・L・ファップ。アメリカ海軍の協力で撮影には、原子力潜水艦ではなかったがディーゼル・エンジンの潜水艦を使うことが出来た。音楽は『シェルブールの雨傘』(63)で世界的に知られ、この頃ハリウッド映画も手掛けるようになったミシェル・ルグラン(68年の『華麗なる賭け』、71年の『おもいでの夏』、83年の『愛のイエントル』でアカデミー賞を3度受賞）。流麗でジャジーで軽快な曲が多いルグランにシネラマのアクション大作は相応しくないように思えるが、意外にも大作らしいスケール感の中にルグランらしさもあるいいスコアを書いている。

68年度のアカデミー賞には撮影賞と特殊効果賞でノミネートされたが、撮影賞は『ロミオとジュリエット』のパスカリーノ・デ・サンティス、特殊効果賞は『２００1年』のキューブリックにさらわれた。この映画の、北極海の海中を進む原子力潜水艦と北極圏の山と海の上を飛ぶジェット機の編隊の特殊効果映像は、『２００1年』にはとてもかなわないにしても、それほど悪くはない（冒頭の宇宙の人工衛星が物理法則に反して、小型ロケットを噴射した方向に回転するのは頂けないが）。

しかし『北極の基地 潜航大作戦』はシネラマの大画面を生かしているとは言えない。プロローグの宇宙こそ『２００1年』には遥かに及ばないながらも大空間を感じさせるが、本編に入ると前半は狭い潜水艦の中に終始し、後半の北極の氷原はＭＧＭの撮影所に作られた広大さの感じられないセットだ。そこで主にセリフのやりとりだけで物語が進んで行く。前半のスペクタクルは、乗組員の中にいる誰かわからないスパイの破壊活動で海水が勢いよく浸水するところだが、狭い区域に閉じ込められる恐怖は大スクリーンに合わない。海中を潜水艦が進んで行くショットも海面が厚い氷に覆われているのでこれも解放感がない。後半も基地の周辺や基地の中の、シネラマである必要のない場面ばかり。唯一、ソ連のジェット戦闘機が飛行するシーンだけがスピード感と解放感があるが、ほんの少ししかない。最後もセリフとテレックスに打ち出される文面で物語が終結する。

そのような内容のためであろう、この映画の興行は失敗した。67年6月に撮影が開始された時に予算８００万ドルだった製作費は10月の撮影終了時点で１０００万ドルに上がっていた。68年11月に公開されると北米での配収は４６０万ドル、全世界でも７６０万ドルにしかならなかった。

同時期に公開された製作費６５０万ドルの大作『栄光の座』は、政治犯としてシベリアの強制労働キャンプに20年いた元司教が中ソ危機の中、釈放されてバチカンの法王庁に送られるというドラマだったが、『潜航大作戦』と同じように興行的に失敗した。両作品の赤字の責任を問われたオブライエンはＭＧＭ社長の座を追われ、会長に祭り上げられた（それも1年足らずで辞任）。69年にMGMの株を40％取得したホテル王の投資家カーク・カーコリアン Kirk Kerkorian（1917～2015）は、65年までCBSテレビの社長だったジェームズ・トーマス・オーブリーJr. James Thomas Aubrey Jr.（1918～1994）をオブライエンの後のMGM社長に据える。オーブリーは衣裳や小道具、スタジオの敷地等、資産を売却して会社の立て直しを図った。MGMはその後何度も売買され、現在も存続してはいるが、70ミリやシネラマの作品を何本も製作した大作主義の栄光は二度と戻らない過去のことである。

『北極の基地 潜航大作戦』は、『カスター将軍』と同様、日本ではヒットした。68年12月21日にテアトル東京とOS劇場で公開されると1億7000万円の配収を挙げ、69年の洋画興行10位に入った。

最後にもう一つ。この映画は、『地獄の天使』（30）の監督やRKOの買収で映画とも関係の深い奇行の大富豪ハワード・ヒューズ（1905～1976）の大のお気に入り映画だった。晩年、ラスヴェガスのホテルで暮らしていた頃、ヒューズは自分がオーナーの地元のテレビ局に何度もこの映画を放映させた。メキシコにいた最晩年にはアカプルコのホテルの自室に映写機を持ち込み（16ミリ？）、繰り返し映写させていたと言われる。

×　×　×

MGMの大作主義の時代が終わる1969年、『カスター将軍』と同じセキュリティ・ピクチャーズの製作でCRCが配給する映画が、シネラマ社承認の公認シネラマ最後の作品として公開された。

●『ジャワの東』Krakatoa, East of Java

1969年1月9日、東京（渋谷パンテオン）でワールド・プレミア、5月4日ロサンゼルス、6月24日ニューヨーク、ポートランドの後、25日から全米各都市で公開。これもシネラマ上映なので、序曲・休憩音楽・退場音楽が当然あったと思われるのだが、『カスター将軍』と同様、2017年にアメリカのキノ・ローバーから「スタジオ・クラシックス」シリーズで発売されたブルーレイは131分の本編のみでそれらの音楽は入っていない（チャプターと聴覚障害者用の英語字幕は付いているが特典は『メテオ』等、直接関係ない同ジャンル5作品の画質の悪い予告編だけというところも『カスター将軍』と同じ残念なディスク）。

1886年、シンガポールからハンソン船長の汽船バタヴィア・クイーン号が潜水器と気球を積んで火山島クラカトアに向けて出航する。乗客は気球を操作する冒険家の親子、潜水器に乗る潜水士とその恋人、潜水器を考案した博士、4人の日本人海女、当局から輸送を命じられた30人の囚人、そしてハンソンとかつて不倫関係にあった女性ローラである。旅の目的はクラカトア島付近で沈没した船が積んでいた大量の真珠を捜すことと、クラカトア島で行方不明になったローラの夫と幼かった息子を捜すことだった…。

原題のクラカトア Krakatoa は英語の表記。現地インドネシアではクラカタウ Krakatau の呼称が一般的。1886年に実際に起きたクラカタウ火山の人類史上最大規模の噴火とそれに伴う津波の被害（犠牲者3万6000人）に題材を得た特撮冒険海洋ロマン。

出演はマクシミリアン・シェル、ダイアン・ベイカー、ブライアン・キース、サル・ミネオ、バーバラ・ウェール、ロッサノ・ブラッツィら。

『カスター将軍』を製作したベテランの脚本家フィリップ・ヨーダンは、共同脚本『探偵物語』(51) がアカデミー賞脚色賞にノミネートされた後、1955年に、コロンビア映画でクラカタウ火山の噴火を題材にした映画を製作すると発表したが実現しなかった。『地球は壊滅する』(65) の製作総指揮を務めた時、ヨーダンはその作品の美術と特撮を担当したユージン・ルーリーにこの企画の相談をする。『カスター将軍』をスペインで撮影中、ヨーダンはこの企画、『ジャワの東』の製作も同じくスペインで本格的にスタートさせ、67年2月には監督をテレビ・シリーズ「スパイ大作戦」(66〜67) の監督だったバーナード・L・コワルスキーに決め、テレビ・シリーズ「ローハイド」(64〜65) の脚本家クリフォード・ニュートン・グールドと『カスター将軍』の脚本を書いたバーナード・ゴードンに脚本執筆を依頼する。

ルーリーはそれよりも前にバタヴィア・クイーン号となる古い船を購入して船首に女神像を付けるなどの改造をしていた。それに基づく撮影用の船の模型を作るだけでなく、地中海のマルタ島のスタジオで、脚本が完成する前に、特撮シーンの撮影をどんどん進めて行った（ルーリーはプロダクション・デザインと特殊効果シークエンスの監督とクレジットされている）。火山の爆発は特殊効果とクレジットされているアレックス・ウェルドンで、彼はそれまで『エル・シド』（61）等、ヨーダンが脚本を書いたサミュエル・ブロンストン製作の70ミリ映画で特殊効果を担当していた。

本編部分の撮影はローマのチネチッタ・スタジオで撮影され一部はスペインのブロンストン・スタジオ等でも撮影された。撮影は『地球は壊滅する』のマニュエル・ベレンガー。スーパーパナビジョンをメインに一部トッドAOで撮影されたこの映画には不思議なことにどちらの方式名もクレジットされていない。パナビジョン社は他方式とのクレジット併記を認めないが、実はトッドAOの撮影部分の方が多くなってしまったからどちらの方式名も表記しないことになったのだろうか？

撮影途中でヨーダンは製作を離れ、最終的に製作者としてクレジットされたのはウィリアム・フォアマンである。恐らく『カスター将軍』の興行的失敗による負債をフォアマンが引き受けたので、この映画はヨーダンのものでなくフォアマンのものになったのだろう（フォアマン製作なのにこの映画には高速主観前進ショットはない）。

冒頭、黒バックに「シネラマ提供」CINERAMA Presents（「CINERAMA」はカラー・ロゴ）と出た後、火山の噴火を背景にメインタイトル。中央パネルと左右パネルという3面シネラマを意識したマルチ画面や全体が一画面の映像となる本編中のハイライト場面を背景にクレジットタイトル。この部分がすでにテレビのスペシャル番組のようである。

その前にまず『ジャワの東』という題名が問題である。クラカタウ島はジャワ島の東ではなく西にあるのだ。スタッフが気づいた時、映画の宣伝はこの題名でもう始まっていた。「西 West」より「東 East」の方が響きがいい、クラカトアは、島の本当の名前クラカトウが間違って英語になってしまったもので言わば架空の名前だ。だから東でいいのだ、という考えで題名は間違ったままにされたと言う。

間違ったメインタイトルとそれに続くクレジットタイ

トルの後、2時間以上に渡って繰り広げられるのは、馬鹿な題名に相応しい、そんな訳ないだろう、そんなこと言わないだろう、なんだこれは、と言う突っ込みどころ満載のトンデモ場面である。

日本語の怪しい日本人海女は船の上で日本の伝統のようにフィリピンのバンブー・ダンスを踊るし、潜水士の恋人は船室で突然歌い出し、ストリップを始める。しかも狭い潜水器に乗りこんで海に潜る潜水士は閉所恐怖症だと言う。前半は魅力のない人物たちの船室内での芝居がだらだら続き、後半、島についてからが特撮の見せ場となる。それまでも噴火するクラカトウ島のショットがちょくちょく挿入されるのだが、噴火している火山島にわざわざ近づいて行くのがそもそもおかしい。

テレビ・シリーズやテレビ映画の監督コワルスキーは、この映画の前に「スパイ大作戦」の他、「ペリー・メイソン」（61）や「ローハイド」（64〜65）、後には「刑事コロンボ」（71〜76）等で優れた仕事をしているのかも知れないが、この映画で演出の才能は感じられない。映画の監督作品は『USAブルース』（69）、『西部番外地』（70）もあるが、本来は『X星から来た吸血獣』（58／日本未公開）や『怪奇！吸血人間スネーク』（73）の人なのだ。

特撮映画としては、『ジャワの東』はファンが押さえておくべき映画だろう（アカデミー賞特殊効果賞にノミネートされている！）。『2001年』とは比較にもならないが、東宝の円谷英二の特撮を楽しめる人ならこの映画の特撮は楽しめる筈だ。火山島全景のミニチュアがまずチャチで笑ってしまうが、火山の噴火はそれなりにリアルである。しかし爆発の数が多すぎる。実際の噴火はあんなに短時間に何度も何度も何度も繰り返さない。しかも何度噴火しても空は青空だ。津波は合成も多用して迫力があるが、これも何度も何度も頭上高くから襲って来る。3・11東日本大震災の、洪水として押し寄せて来る本当の津波の映像を見てしまった我々には、それはリアルには見えない。

『ジャワの東』の製作費は不明だが興収は300万ドルである。この数字では当然大赤字であろう。

日本ではアメリカよりも早く、69年1月9日に渋谷パンテオンでワールド・プレミアが行われた（『カスター将軍』をヒットさせてくれた御礼か）。その後1月11日から松竹セントラル、渋谷パンテオン、新宿ミラノ座のスーパーシネラマ・チェーン3館で公開された。配収は1億5000万円。これは配収1億7000万で同じ年の興行ベストテン10位になった『北極の基地 潜航大作戦』に2000万円足りないだけで、悪くはない数字だ。

一言で言えば『ジャワの東』は三流映画である。初めて自分の名前を製作者としてクレジットしたこの映画にシネラマのバナーを与えることで、フォアマンはフレッド・ウォーラーやローウェル・トーマスが築いたシネラマのブランド価値を自ら破壊してしまったのである。

◆シネラマの終焉

公認のシネラマ映画は『ジャワの東』が最後になってしまったが、シネラマを予定して製作を開始していた映画は完成後、シネラマのバナーなしで上映された。最後にその2本を説明しておく。

『マッケンナの黄金』の劇場パンフ

●『マッケンナの黄金』Mackenna's Gold

1969年3月18日に西ドイツで初公開。3月21日フランス、27日オランダ、28日フィンランド、スウェーデン、4月5日オーストラリア、日本、9日イギリス、11日デンマークの後、5月10日になってようやく本国のアメリカ（フェニックス）公開。

1870年代のアメリカ西部。黄金の谷の場所を知る保安官マッケンナは、騎兵隊に追われるお尋ね者コロラドの一味に捕えられ谷までの案内を強要される…。

出演はグレゴリー・ペック、オマー・シャリフ、テリー・サヴァラスら。

63年出版のウィル・ヘンリーの小説の映画化権を、『戦場にかける橋』(57)の脚本（共同）でアカデミー賞を受賞している脚本家カール・フォアマンが64年に取得、65年に、脚本を書くだけでなく、映画音楽の大家ディミトリ・ティオムキンと共同で製作することを発表するが、コロンビア映画の出資によりJ・リー・トンプソンが監督する3時間のシネラマ大作と決まったのは67年1月。3月にペックの主演が決まり、名作『ナバロンの要塞』（61）のトリオ（製作・脚本フォアマン、監督トンプソン、主演ペック）の再結成となった。撮影は『砲艦サンパブロ』（66）のジョセフ・マクドナルド、音楽は60年代初めから映画音楽も手掛けているジャズ・ミュージシャンのクィンシー・ジョーンズ。

5月からユタ州やアリゾナ州で撮影が開始されたが、途中でコロンビアの方針が変わり、2時間程度の通常作品にすることになる。大半の部分はすでにスーパーパナビジョンの65ミリ・ネガで撮影されていたが、残りは35ミリのパナビジョン（アナモフィック）で撮影された。完成した映画のクレジットには「撮影スーパーパナビジョン」FILMED IN SUPER PANAVISION®と出るのだが、小さな「FILMED IN SUPER」の文字の下にロゴで「PANAVISION®」とあるので「スーパーパナビジョン」は1語になっていない。

この映画のオリジナル・ネガは35ミリになるはずだが、その場合、65ミリで撮影した部分は35ミリに縮小コピーしたものになる。この35ミリ・ネガから70ミリ版を作ったら65ミリ撮影の部分は一工程増えているので画質が劣化してしまう。恐らく35ミリ撮影部分を拡大コピーした65ミリのオリジナル・ネガもあり、70ミリ・プリントはこのネガで作られたと思われる。

トップシーンの大峡谷の空撮も、クライマックスの岩山が崩れ落ちる特撮による大スペクタクルもシネラマの大画面を想定したもので、初公開時にはシネラマではないにしても70ミリで公開された。

製作費700万ドルのこの映画は北米では310万ドルの配収しか挙げられなかった。しかし、70年代以降、ソ連とインドで人気作品となり全世界興収は4100万ドルに達している。

日本では69年4月5日からテアトル東京で公開され、配収2億2000万円のヒットとなり、69年洋画興行の5位になった（それまでのシネラマ作品のように同時にOS劇場で公開されたかは不明）。

『マッケンナの黄金』は公認シネラマ作品ではないので。、スーパーシネラマ・シアターのテアトル東京では「スーパー・シネラマ方式上映」として宣伝した。これ以後、35ミリ・ブローアップのものも含めて70ミリ・プリントをシネラマ・スクリーンで上映するものは「スーパー・シネラマ方式上映」と言うことが定着する。

「スーパー・シネラマ方式上映」と言う言い方が最初に使われたのは70ミリ映画『ベン・ハー』が68年9月20日にテアトル東京でリバイバル公開された時である。同時期に『史上最大の作戦』の70ミリ版を上映していた松竹セントラル、渋谷パンテオン、新宿ミラノ座は、3館を「スーパー・シネラマ・チェーン」とするだけで「スーパー・シネラマ方式上映」とは言っていない。この時もテアトル東京は「都内で唯一のスーパー・シネラマ・シアター（大阪はＯＳ劇場）」と言っているので、セ・パ・ミの3館は、舞台があるなどして規格に合致せず、「スーパー・シネラマ・シアター」と言えなかったのではないだろうか。ただ3館のシネラマ・チェーンは「スーパー」だという意味で「スーパー・シネラマ・チェーン」と言っていたのではないだろうか。

●『ソング・オブ・ノルウェー』Song of Norway

１９７０年11月4日、ニューヨークとトロント（カナダ）、10日ロサンゼルス、12月16日デトロイトの後、12月18日から全米とカナダの各都市で公開。

70ミリ映画なので、序曲・休憩音楽・退場音楽が当然あったと思われるのだが、２０２０年にアメリカのキノ・ローバーから「スタジオ・クラシックス」シリーズで発売されたブルーレイは２２２分の本編のみでそれらの音楽は入っていない（聴覚障害者用の英語字幕と映画史研究家2人による音声解説が付いているが映像特典は『スイート・チャリティ』等、直接関係ない同ジャンル4作品の画質の悪い予告編だけでチャプターもないという『カスター将軍』『ジャワの東』と同様の残念なディスク）。

「ペール・ギュント」（１８７６年初演）で知られるノルウェーの作曲家エドヴァルド・グリーグ（1843～1907）の無名時代から音楽家として成功するまでを描く、歌がいっぱいという訳ではないが一応ミュージカル。

戦争中の1944年にロサンゼルスで初演され、翌年ブロードウェイで860公演のヒットとなったオペレッタの映画化。

出演はグリーグにノルウェーの俳優トラルフ・モースタッド、彼の従妹で妻になるニーナにTV「ゆかいなブレディ家」(69〜70) のフローレンス・ヘンダーソン、彼の元恋人で彼を援助する金持ちの娘テレーズに『ファニーとアレクサンデル』(82) のスウェーデン女優クリスティナ・ショリン。

監督・脚本は『合言葉は勇気』(62) のアンドリュー・L・ストーン。製作は彼と妻のヴァージニア(『合言葉は勇気』も夫婦の製作)。原作の舞台台本はミルトン・ラザラス。音楽も元の舞台のもので、グリーグの音楽を基にロバート・ライトとジョージ・フォレストが作・編曲した(歌の作詞も2人)。スーパーパナビジョンの撮影は『たたり』(63) のデイヴィス・ブルトン。

『サウンド・オブ・ミュージック』(65) を意識していることが明らかな山々の風景は70ミリの大画面で見るに相応しく非常に美しい。しかしやたらにカットが短くじっくりと見せてくれない。音楽はグリーグの有名曲などいいものもあるが、元がオペレッタなのでメロディアスな曲は少ない。物語はドラマチックに盛り上がることもなく2時間22分もあるが内容は薄い。

キャストにもなじみがなく360万ドルの製作費に対し興収は790万ドルで107万ドルの赤字だった(製作はABC映画)。

日本では71年6月19日に日比谷スカラ座で70ミリ上映された。興行成績は不明だがヒットしなかったことは間違いない。

『ソング・オブ・ノルウェー』はアメリカではCRCの配給で公開され、ニューヨークとロサンゼルスではシネラマ劇場で上映された。松竹映配とCIROの契約を報じた「キネマ旬報」69年2月下旬号(68年決算号)の記事では、「年間本数は一五本前後で、このうちシネラマは『ジャワの東』『ノールウェイの唄』などがある」とあり、シネラマ社がシネラマ認定をやめなければ日本でも「スーパー・シネラマ・チェーン」3館でシネラマ上映されたことだろう。

ABCとCRCの間でどういう話し合いが行われたのかはわからないが、ABC映画『ソング・オブ・ノルウェー』は日本ではCIROを通じての松竹映配ではなく20世紀フォックスの配給だった。2月20日から再上映の『アラビアのロレンス』を続映中だったテアトル東京での上映もあり得たと思う。

×　×　×

パナビジョン（アナモフィック）で撮影した35ミリ・ネガから70ミリプリントを作成する「パナビジョン70」Panavison70は『枢機卿』（63）が最初だが、60年代後半から一般化し、70年代以降は大型ネガの〝本物の〟70ミリ映画を駆逐してしまった。大型ネガの公認シネラマ作品がなくなっても、スーパー・シネラマ劇場では「スーパー・シネラマ方式上映」と謳ってパナビジョン70の70ミリ映画を上映し、シネラマのネームバリューの利用を続けた。

技術的にはパナビジョン撮影でなくても70ミリ・プリントは作れる。筆者が今でも見たかったと思うのはテアトル東京で71年11月26日に「スーパー・シネラマ方式」で上映されたアラン・ドロン、三船敏郎、チャールズ・ブロンソン共演、フランス・イタリア他4か国合作、東和配給の『レッド・サン』（71）である。35ミリのこの映画は1・85対1のワイドスクリーンだ。これを上下をトリミングして70ミリにしてシネラマ・スクリーンに映写したのだが、どんな画質だったのだろうか。モノラルの音も6チャンネルにどう振り分けたのだろうか。

×　×　×

1973年2月15日、ロサンゼルスのシネラマ・ドームで『これがシネラマだ』の70ミリ版が公開された。この70ミリ版はその後、4月11日ボストン、4月20日トロント（カナダ）、5月11日ニューヨーク等、全米とカナダの各都市で公開されて行った（残念ながら日本では公開されていない）。1952年9月30日にセンセーションを巻き起こして始まったシネラマの歴史は、3面方式のトラヴェローグ、3面方式の劇映画、70ミリ調整プリントのシングル・シネラマ、70ミリ通常プリントのシングル・シネラマと変化を遂げて来て、ここで一つの区切りを付けたのだった。

（うちやま・かずき）

＊前回までの誤りの訂正と、漏れてしまった作品については、稿を改めます。

＊本稿の主な情報源は、ウェブサイトThe American Wide Screen MuseumのCineramaのページ、in 70mm.com.のシネラマ関連記事、Internet Movie Database（IMDb）、英語版Wikipediaの他、青木圭一郎「巨大映画館の記憶」（ワイズ出版、2021）、及び本文中の各作品のブルーレイ又はDVD本編等です。

《映画の見かた》の見かた㊹

修行僧の錬金術

重政隆文

みうらじゅんは少年時代から現在に至るまでエロには目がない。宮藤官九郎との猥談本『みうらじゅんと宮藤官九郎の世界全体会議』（2016年7月、集英社）や辛酸なめ子との対談本『ヌー道―じゅんとなめ子のハダカ芸術入門―』（2021年12月、新潮社）を読めば納得がいくだろう。それとは別に彼は映画の本も何冊か書いている。しっかりとした映画館体験を基にしてはいるが、本質的なものを追及するというより、わざと横道にそれて、エロ関連と結びつける特異な映画批評を書く。

少し古い『ボク宝』（1999年8月、光文社、光文社文庫）では、収集してきたボクの宝＝「ボク宝」の数々を写真付きで紹介している。その中にいくつか映画ネタがある。

みうらは「エロに関してはかなり閉鎖的な家庭」（『ボク宝』146頁）に育ったが、少年時代、親子同伴でも堂々と見に行ける擬似エロ映画が007シリーズだった。近年のジェームズ・ボンドは禁欲的だが、ショーン・コネリー時代の昔はそうではなかった。

> ボクは映画の中でジェームズが活躍するシーンよりも、その前や後に必ずと言っていいほど行なうベッド・シーンに興味があった。
>
> ボクは隣に座っている父親の手前、意識的につまらなさそうな演技までしてスクリーンを見つめていた。（『ボク宝』146〜147頁）

私はみうらを誠実な人だと思う。良識のある人なら隠したがることを正直に書いているからだ。みうらは京都の千本日活で初めて谷ナオミ主演のロマンポルノ『生贄夫人』（1974年、小沼勝監督）を見た。

> 谷ナオミが好きだった、いや今でも忘れられないということは、すなわち現在進行形で自分は〝SM〟者であると認めることであって、それなりの覚悟がいるものだと思う。（『ボク宝』82頁）

緊縛、恥辱、折檻、剃毛、浣腸など、「決して学校の漢字書き取りには登場しない用語を羅列しているだけで、幸せな気持ちになってくる」（『ボク宝』83頁）と正直に表明している。

日活ロマンポルノでは時々団鬼六原作のSM物特集があった。そのヒロインの多くが谷ナオミだったのだ。SM者でない私にはつらい番組だったが、みうらにこういう趣味があったからこそSM映画『変態だ』（2015年、安齋肇監督）への原作提供ができたのだろう。SM者だったみうらは、一方で『プリティ・ベビー』（1978年、ルイ・マル監督）で清純なブルック・シールズに出くわした。それからはロリコン趣味も持つようになった。当時、少なからぬ男性映画ファンはみうらと同じく、俗と聖、二律背反の心情を併せ持ったと思われる。

この『変態だ』については、みうらの映画書最新刊『マイ修行映画』（２０２２年6月、文藝春秋）でも触れている。新宿ピカデリー最上階の座席数の少ないスクリーンでみうらは『ザ・ファブル』（２０１９年、江口カン監督）を見た。その二年前に、同じフロアで自分が原作者の『変態だ』がかかっていた。

真黒カンパニーのチンピラ（柳楽優弥）、社長（安田顕）。下剋上を企てる専務（向井理）などなど、イケメン揃いの出演者を見て僕はハタと気が付いた。奇しくも同じ階で上映してた『変態だ』にはその要素が全くなかったことを！　それを後に安齋監督に伝えたところ「そこか！　当たらなかった理由は!!」と、酒に赤らんだ顔で言って笑った。（『マイ修行映画』２１４頁）

もちろん、当たらなかった理由は「そこ」ではない。『変態だ』の雪の中のSMシーンをすんなり受け入れるほど一般観客は成熟していない。慰めるみうらも慰められる安齋も、冗談と分かって照れ笑いしているのだ。

この『マイ修行映画』ではこれまでの著作同様、真面目だが空疎な内容の映画や大ヒットして世間に広く受け入れられたが中身が空っぽの映画はたいていからかわれ、退屈で面白くない映画は褒め殺しされている。おおむねそのようなパターンで楽しそうに論じられている。真面目で堅苦しい批評、粗筋中心の批評、そして宣伝まがいの批評を読み続けていると、みうらの楽しんでいる批評に私はホッとする。しかも批評文や添えられた漫画にはだいたいエロが封入されている。

例えば『チア☆ダン～女子高生がチアダンスで全米制覇しちゃったホントの話～』（２０１７年、河合勇人監督）を「ストーリーを副題で全部言っちゃってるじゃない映画」（１１２頁）と定義した上で、次のような予測を立てる。

チヤ、じゃなくてチアガールのイメージはヘソ出しルックにミニスカで、手にハタキみたいな大きなボンボン持ってパンチラ上等で足を上げ、それでも終始笑顔を絶やすことなく踊り続ける集団。（１１３頁）

バカにしているように聞こえるが、みうらはこの映画に大泣きする。「涙って自分から遠い世界であればあるほど自由に流せるもんなんだってね。レッツゴー！　無責任！」（１１４頁）という具合に、内容の陳腐さを超越して、この作品を評価する。

みうらは映画におけるA級とB級の違いを「結局はカップルが観に行く映画がA級（エロ・バカが内容に含まれていない。またはその度合いが薄い）ってことになる」（１８９頁）と定義している。その時、取りあげていたのがA級のつもりのB級『ＴＥＤ』（２０１２年、セス・マクファーレン監督）だ。当然、可愛いぬいぐるみ映画に見えるこの映画は、カップルで見ると気まずくなる映画である。

ムック『週刊文春CINEMA！』（2022秋号、文藝春秋）の町山智浩との対談「僕たちが、ロマンポルノに学んだこと。」の中で総括的なことを言っている。

> あの頃のポルノ映画がたいがいハッピーエンドで終わらないのは、きっと興奮した暴徒を野に放たないようにラストで一回シュンとさせるんじゃないかねぇ。（87頁）

確かに明るいロマンポルノは小原宏裕、金子修介、那須博之らを除いて少なかったように思う。当時、私も谷ナオミ出演作品や神代辰巳監督作品などの鑑賞後に感じていたあの後ろめたさをうまく表現してくれている。みうらはエロと映画と映画館とが混然一体となった環境に暮らしてきた。だからこそできる的を射た指摘なのだろう。

この『マイ修行映画』のカバーには蛙が滝に打たれている彼自身の絵がある。つまらない映画が滝となって落ちてくるのを、決して避けるのではなく、あえて受けていく姿勢を示す。滝に打たれること、すなわち、つまらない映画を見ることが、一種の快感に昇華していく。「つい、己の常識の狭さから、〝つまらな……〟が出そうになったとき、食い気味に／「そこがいいんじゃない！」／と、修行に必須の呪文を唱えてみる」（10頁）。つまらなさをひっくり返す。面白くない映画を受けて流す、あるいは反転して快感に持ちこむ。修行のためにわざわざ面白くなさそうな映画にも敢然と立ち向かっていく。

映画界がもっと活発だった時代、からかい甲斐のあるつまらない映画が量産されていた。近年、無駄弾は撃たないというような、安全確実なヒットを目指す姿勢で映画が作られることが増えた。それが修行中のみうらには不満だ。これまでのからかい甲斐のある映画『北京原人Who are you?』（97年）的な、『わさお』（10年）的な、『ラストラブ』（07年）的な、織田裕二的な風味を持った映画」（220頁）が激減し、「たいそう困っていた僕に本作は挑戦状を叩きつけてきた気がした」（同）という。その「本作」というのが『劇場版　おっさんずラブ〜LOVE or DEAD〜』（2019年、瑠東東一郎監督）だ。私同様、みうらもテレビドラマ版は一切見ていない。あまりに使い古されたギャグとその演出にうんざりし、私はすぐに「つまらな……」と思いそうになった。まだまだ修行が足りない。修行は作品鑑賞においてだけではない。

> 僕がこれまで実践してきた修行の基本は、自分に向いていないジャンルと思われる映画をわざと選び、重い腰を上げ映画館に赴き、観る前から売店に立ち寄り、「すいません、○○のパンフお願いします」と、その決して僕に似つかわしくないタイトルを店員に告げ、〝何、このジジイ、こんな映画観て……〟なんて思われてやしないかとヒヤヒヤするのが恥

辱プレイの始まり。（236頁）

　みうらが特に恥辱プレイと感じたのが『先生！好きになってもいいですか？』（2017年、三木孝浩監督）と『プーと大人になった僕』（2018年、マーク・フォスター監督）だそうだ。確かに、老人男性映画ファンがこのパンフレットを買い求めること、さらに係員にそのタイトルを告げることは恥ずかしい。しかし、恥ずかしくてもパンフレットを買う。それが修行なのだ。私の場合、『先生！〜』も『プー〜』もネット予約を通じ、ということは無言でチケットを買ったし、パンフレットは買わないから、恥辱プレイは発生しなかった。

　さらに、木村拓哉主演映画について次のように書いている。

　早速、映画版『HERO』を観に行くことにした。映画館は当然のことながらカップルばかりだった。僕は慌てて己のロン毛を後ろに束ねる。だってそうだろ、オヤジがHERO意識して伸ばしてるなんて思われちゃキツイ。（37頁）

　確かに私もSMAP脱退組出演の『クソ野郎と美しき世界』（2018年、園子温ほか監督）をほとんど中年以上のおばさんファンだらけの中に紛れて見ている時、ファンだと思われるのがキツかった。

　多くのマスコミにとって吉永小百合が聖域にあるように思える。年齢問題だ。誠実なみうらはからかう。『まぼろしの邪馬台国』（2008年、堤幸彦監督）に関して、「夫役に竹中直人、妻役に吉永小百合というDS（どうかしてる）年齢差夫婦」（153頁）と書く。この「DS」映画もみうらのうまい命名だ。誰でも思っているはずなのに誰も言わないことをはっきり言う。このコンビだと吉永は11歳年上、『北の桜守』（2018年、滝田洋二郎監督）では夫役の阿部寛より19歳年上だ。現実には女性がはるかに年上の夫婦もいる。しかし、吉永映画では夫と同年齢か吉永が年下のような夫婦設定を平気で押し通している。

　また『北の桜守』で、吉永の息子役の、世間では下手な俳優とは思われていない堺雅人について「……全てのセリフを格言のように言う独特の演技に釘付け」（154頁）と、これも退屈さを面白さに変える錬金術を使っている。相手の弱点を突くのではなく、その弱点を笑いに流し込む。これはかなり優れたテクニックである。あえて敵を作らない戦い方に修行の成果を見る。

　修行の足りない私は、うかつにもすぐ退屈な映画に不満をもってしまう。「そこがいいんじゃない！」と感じる境地にはまだまだ至りそうにない。精進したいものである。

　ところで、王道を捨て脇道を楽しく歩くみうらじゅんは、普段、長髪のサングラス姿だ。映画を見る時、どのタイミングでサングラスを外すのだろう。「そこ」が気になる。

（しげまさ・たかふみ）

演劇に（反）対して
中身のない。

片山陽一

今年正月に芸劇で観た中村米吉主演『オンディーヌ』は思いのほか楽しめた。玉三郎や美輪サマ的なドラァグショーに陥ることなく、といって新派とも違う、歌舞伎の女方を土台に今日的なナチュラリズムの女性性を模索していて、女優と並んで違和感がない。タカラヅカ丸出しの紫吹淳はじめ共演者の芝居に難はあったが、簡素な装置だけでテンポよく見せて、休憩なしの2時間を長くは感じなかった。演出の星田良子が上演台本を手がけ、「時を戻してやり直す」構成になっていたから、元を読み直そうと書庫で「ジロドゥ戯曲全集」を探していると、60年代後半に同じ白水社から出た「今日のフランス演劇」「現代世界演劇」のシリーズが一緒に並んでいる。私は無性に侘しくなった。むろん今も「現代フランス語圏演劇」（れんが書房新社）や「ドイツ現代戯曲選」（論創社）はあるが1冊に1作家1～2篇の、単行本の寄せ集めに過ぎない。国やジャンルでアンソロジーを編み、以て劇文学の潮流を伝えんとする情熱は過去のものとなった。××語圏の語が示すように、グローバルに展開するポストドラマ演劇にとって国家は解体すべき旧弊であり、求められるのは「戯曲」ではなく「上演テキスト」なのである。

◇

昨年12月、KAATで地点『ノー・ライト』を観た。東日本大震災と原発事故への応答として書かれたエルフリーデ・イェリネク『光のない。』（11年）は、AとBの対話からなるテキストで、「F／T12イェリネク三作連続上演」の1本として地点が国内初演。14年に再演している。今回は劇団員が1人1言語を特訓し、独・英・仏・西・露・韓（導入部に少し日本語）のマルチリンガル上演に改作。題も『ノー・ライト』と改めた。海外公演する訳でもないのに多言語を試みた理由を演出の三浦基が22年11月17日のブログ「私の身のまわり」に書いている。要約すると、地点が元劇団員とパワハラ疑惑を巡って裁判する事に反対な訳者＝林立騎が翻訳の使用を認めなかった。するとメイン女優の安部聡子が原語＝ドイツ語でやろうかなと言い出し、多言語へと発展。この案をイェリネクのエージェントが快諾して実現した、という経緯らしい。装置や合唱隊は初演再演とほぼ同じだが、舞台中央上に日本語字幕が投影される。正直なところ、付け焼き刃の外国語を聞きながら字幕を追うと眠たくなった。劇場に漂う徒労感。そこで字幕をあきらめた途端、役者たちのガンバリが鮮やかに際立ち、まるでスポーツ観戦のように面白くなった。伝わりっこない多言語上演はイェリネクのテキストの中身のなさを逆照射した。音楽性に頼った彼女のテキストの本質は、極言すれば情緒的なアジテーションなのだった。

◇

99年にイェルク・ハイダー率いるオーストリア自由党は第二党に躍進。翌年2月にオーストリア国民党との連立政権が成立する。ＥＵ諸国が制裁措置を発動するに至るこの反極右キャンペーンにはドイツ語圏はじめ世界の知識人や芸術家がこぞって参加した。２０００年６月11日から17日までウィーン国立歌劇場前で行われたドイツ人クリストフ・シュリンゲンジーフのパフォーマンス『外国人よ､出て行け！』はよく知られている。チェコ系ユダヤ人の血をひく元共産党員のオーストリア人作家イェリネクは２月７日新聞に寄稿し、公共空間たる劇場も結局は国家の一部だとして自作の国内上演を禁止。６月22日にはウィーンのバルハウス広場（首相府の横）の定期デモの場で、当代きってのヒトラー役者マルティン・ヴトケを自腹で招き、金髪のカツラを被せ、自作テキスト「別れの言葉」を初演させた。ギリシャ劇をコラージュした彼女の演劇テキスト群はここから始まる。ミヒャエル・ハネケが映画化した小説『ピアニスト』（01年公開）などはさておき、これらのテキストは政治に対する文学的応答ではなく、執筆の動機も目的も全てが政治運動それ自体である。音符のように言葉を並べ、様々な文献を知的に織り込んでいても、根本には暴力革命がある。いくら緻密でもアジビラは文学になり得ず、アジ演説は演劇ではない。

04年に彼女がノーベル文学賞を獲った翌年、審査員の一人クヌット・アーンルンドは「賞の価値に取り返しのつかない損害を与えた」と抗議してスウェーデン・アカデミーを辞している。

◇

話を『光のない。』に戻そう。そもそも何故このテキストは伝わらないのか。第一に翻訳がある。件の林立騎訳は題名からして心許ない。原題Kein Licht. には原発停止による停電の含みもあるが、邦題はそれを暗示できているだろうか。音楽性は移せなくとも、意味は明瞭でありたい。第二はイェリネクが「自作解説」で地震や津波を何度も「自然の暴力」と叙しているように、自然は制御し得るという西洋的発想が根底に在ること。制御への渇望は彼女の心性なのである。第三は概念の用い方である。「日本の読者に」の以下の部分はその典型といえる。《わたしはあまり歌舞伎のことを知りませんが、歌舞伎にも長いモノローグや技巧的に歪めた声があり》《わたしの演劇テクストの多くは歌舞伎として上演できるかもしれません》。勘弁してよと言いたくなるが、要するに勝手に概念を規定し、「かもしれない」と都合よく結論を下す。またはその逆に、問いかけて否定する。そのくり返しである。これでは言葉が意味を持てず、何も書いていないのと変わらない。時間は変化をもたらさず、対話は独白となる。凍りついたイデオロギーが横たわっている。

ともあれ、イェリネクに歌舞伎が分からないように、私もイェリネクが分からない。分かったような顔をして解説するのが、イェリネク的態度といえようか。ああ何と中身のない。

（かたやま・よういち）

東映大部屋役者の回想
一寸の虫Ⅲ　東映の異母兄弟など
百歳俳優・河合絃司
五野上力

『二十四の瞳』と天本英世

数年前、知己が瀬戸内海の旅先から送ってくれた一枚の写真カードがある。それは小豆島にある『二十四の瞳』映画村からのものだった。写っているのは映画撮影機ミッチェルと、カード左上に記された壺井栄の原作から抜粋された文章の一部だった。カードを手に暫く眺めていて、ふと、デコちゃん（高峰秀子）の女先生の姿が浮かび、同時に天本英世の事を思い出した。それは、監督木下恵介が正にピンポイントで起用した新人俳優だった。

女先生の夫役に抜擢された天本英世は俳優座の研究生だったが、当然、航海士の免状を持つであろう巡航船の船員の夫に、何処か普通っぽくない天本の雰囲気が見事にハマってドンピシャだった。若しこの役が観客馴染みの、既成俳優だったらどうだったろう？　それはそれなりに問題なしだろうが、しかし、その著名な俳優への人気、魅力が優先して、一般人の素の男の存在感を感じる船員像は薄くなった筈だ。無論映画はこれだけの事ではないが、この天本の起用が映画全篇の大きなポイントになった事は事実だ。木下恵介の演出の目が覗いたミッチェルが寸分違わず捉えた画面がそれを証明している。

無名俳優の俺がこの天本英世を実際に見掛けたのは、以前にも他で触れた事があるが、昭和30年前半の劇団手織座時代、新宿駅東口の「二幸」通りを茶毛染めの長髪を風に靡かせて人波の中を何かを探すような眼付きで歩

五野上力

いている。何か不可思議なオーラを感じさせる姿だった。

『二十四の瞳』から幾星霜、俺が東撮入りした頃の天本英世の俳優振りは、他社の所属でもあり、殆んど知らないが、噂話に出て来るのは、天本英世の妖気、猟奇の世界に身を置く様な生活の有り様だった。

亦時代は移り、俗に言う映画界がテレビ界の影響を受ける頃、俺が後年の天本英世と現場で接したのは東映製作のシリーズTV番組「悪魔くん」の時だった。ヒョロッとした長身の体躯で現場に現われた時、其処に漂う妖気感に無名俳優は一瞬、眩暈を覚えた。これが、あの『二十四の瞳』の高峰秀子の夫、瀬戸内巡航船の船乗りの末か？

「ハハハ、覚えてらっしゃる？　ボクは当時未だ俳優座の研究生でしてネ」。現場で出番の合間に無名俳優と交わした会話の中で、天本英世が自ら語って聞かせた真実のエピソードだ。――俄かには信じ難い、この天本英世のキャラクターの変貌。怪優？形成は謎のままだ。だが、この天本英世も亦、何かを超えた伝説の名優と言えるだろう。

『二十四の瞳』新聞広告（朝日新聞昭和29年9月14日）

志賀勝の主役演技と異母兄弟・亀山達也

言わずもがなだが、映画俳優の演技には、舞台とは相似じゃなく、自ずと主役演技と脇役演技がある。と同様に撮影マンにも日本映画界の独自的伝統（習性？）の撮影作法があるのを御存知か？（一例―以前、佐藤純彌、仲沢半次郎の作品現場談に書いた）それらを完全無視していたのが志賀勝の演技だ。普通、心ならずも時には妥協を余儀なくされるのが脇役なのに、恐れ知らず、お構い無しの主役シバイを曲げないのだ。主役シバイとは？一言でそれは、決して端折る事の無い正統な演技。物事、万事の心、体行動（所作）に於けるリアルな秒数（間合い）

を崩さない演技（演じ方）だ。

鶴田浩二の名言「演技には寸法ってもんが有る」を知っていたかどうか。己れのどんなシバイにも己れの秒数（間合い）に百パーセント、撮影マンの秒数の方を合わせさせた彼の演技作法（主役シバイ）は例え撮影マンの言い分はあっても殆んど無意味だったに違いない。自尊心の強い硬派異色な役者だったと言えよう。

異母兄弟・寸景1

京撮・志賀勝に対して東撮・亀山達也の兄弟俳優の父親はファン周知の、往年の東映京都時代劇を担った俳優加賀邦男その人だ。

志賀勝との現場での接点は無かったが、東撮同士の亀山達也が語って聴かせた異母兄弟・勝のエピソードがある。それは、かつて大映テレビ製作の或るドラマの本読み、読み合わせの当日、何人かの出演役の中に宮城千賀子が居た。志賀勝の相手の役がこの大物女優だ。しかも初対面。宮城千賀子が志賀が相手と知って、チラチラ志賀の方に視線を寄越す。読み合わせが進んで愈々志賀勝が宮城千賀子と絡む場面が来た。

通常、読み合わせはドラマの内容に従って各スタッフも同席、各々現場の段取り確認、その他調整も入るので、出演者の台本読み合わせは、いわゆる素読みで良いのだが、志賀勝は初めからイキナリ本番モードで渡り合い、流石の大物女優も吃驚仰天。キャッ！と演技では無い声を上げて逃げ腰になったというのだ。

聞いた亀山達也も亦、流石に呆れ返って「全く、それで？　お前、どうしたんだよ」「どうもしないサ。千賀子ねえさんは涙出してビビッてたよ。けど仕方あらへんやろ？　俺、ナメラレたかあらへんもん！」

異母兄弟・寸景2

亀山達也は、二度目の結婚当時、ひばりヶ丘駅からさほど遠くない田舎家ふうの借家に夫婦で居たが、其処へ弟の志賀勝が上京の折に訪ねて来る。これは、その時の話だ。笑いますゼ？

前夜、無類の酒好きの二人は夜明けまで達也夫人の手料理で飲み明かし、隣り近所に三軒共用の今時珍しいポンプ式井戸がある井戸端に顔を洗いに出て来る。「その風態がサ、まるでヤクザ」と、亀山が笑って言う。

タオルで鉢巻きをし、練り歯磨きを口いっぱいに泡立てた歯ブラシを咥え、白い上下のダボシャツと赤い上下のダボシャツ姿の恰好で鶴さん気取りでやって来るのを見た隣人たちは「お早よう」の声も出さず互いに顔を見合わせ、次いで、赤白ダボシャツ組の酔顔を口アングリ状態で凝視するばかり。

亀山の事は分かっているが、もう一人の口髭を生やし、サングラスようの眼鏡を掛けた方は誰？　ドコかで見た覚えがあるよう？　だが、分からない。歯を磨くのも忘れたふうで苦笑する異母兄に気づき、持って来たコップに井戸水を掬って口を漱いだ異母弟は隣人たちに向かって、「お早ようサンです、弟です。兄貴がお世話サンになってまして、ドーモ」。その一寸嗄れたようなドスの利いた声に、隣人たちの中の野球少年の様な坊主頭が大きな声を上げたという。「分かった！　志賀勝だ！」呼び捨てで。

これも、実話でっせ。

『五番町夕霧楼』夕子の百日紅

これまで経験してきた様々な現場で、特に忘れ得ない一つの風景がある。『五番町夕霧楼』（原作水上勉、監督田坂具隆、主演佐久間良子、共演河原崎長一郎）。無名俳優の俺はホンの二、三シーンながら、夕子の故郷与謝の寒村の一縁者の男（自らの設定）を演った。その現場の二つ。

一つは、眼下に広がる海沿いの断崖の山腹を通る一本の白い道だ。その坂道を行く夕子の葬列。もう一つは、夕子が死んでいた狭い山間の畑地の一角に咲く満開の百日紅、その花の木の根傍で夕子は命を絶ったのだ（この件は映画の為の脚色上、原作の実際の場所とは異なる）。警官と共に駆けつける夕子の縁者たち――。

これだけなら、話は通常の撮影風景で終りだが、この話の裏には大方の映画観客には余り知れる事のない或る事柄が存在する。原作にある「幼い日の夕子が良く遊んだ」という百日紅――夕子の悲哀の身上を余す所なく観客の心に想起させたこの百日紅の木は、撮影所から前もって運ばれ、この畑地に移植されたものだ。そして、このロケの撮影日程は総べてこの百日紅の花の満開時に合わせて組まれた。

――その前に、京撮製作のこの『五番町夕霧楼』に東撮所属の俺が何故？　而も既にクランク・インしてから途中の現場に。それは斯うだ。東撮ニューフェイス佐久間良子の初主演に従いて京撮へ出向した東撮演技課の伊藤茂が演技事務を担当、急遽、前述の場面に、気心の知れた東撮側俳優を、夕子の妹を演る子役少女二人と共に現地現場へ起用したのだ。——話を前に戻そう。

作品の制作準備と共に移植された百日紅は、当然、撮影完了時点で、借用した撮影所側が所有権者の持ち主の畑地から撤収するのが筋だ。所が、この百日紅は撤収される事なく、その後も山間の畑地の一角にその儘残されたのだ。

☆

此処で、いつもの余談だが、これも亦忘れる筈ない現場記念としてお認め戴きたい。

それは「舟屋」でも知られる伊根港や往時の連絡船船着場跡、そして樽泊等々、そんな現場の或る日の昼下がり。小休止で、偶々海岸の岩場に出来た滝壺状の海水溜りを見つけパンツ一丁になって泳いでいる無名俳優の俺に気づいて「マァ、気持ち良さそう!」と近寄って来る佐久間良子(夕子)の足もとを気遣い乍ら、俺は只々照れるばかりだった。岩場の隙き間に寄せる海水に、紅緒の下駄の片方だけ脱いで形の良い白い足をチャポチャポやる佐久間良子に思わず手を貸し我を忘れたパンツ一丁の愚か男は、其処に佐久間良子というあどけない天女を見た。


その昭和38年から2年後の昭和40年、奇しくも無名俳優は、東撮作品『にっぽん泥棒物語』(監督山本薩夫、出演三国連太郎、佐久間良子)で、佐久間良子の女優歴初の東北弁となる方言指導を担当する事に至るのだ。

——『五番町夕霧楼』夕子の百日紅は、今も山間の畑地の一角に咲き続けているだろうか……名優佐久間良子、名花現役である。

無名俳優・五野上力メモ
昭和38年『五番町夕霧楼』専属契約の前年。
昭和40年『にっぽん泥棒物語』専属契約(39年)の翌年。

百歳俳優・河合絃司

「力さん、駅まで一緒に帰ろうや」。年も押し詰まった撮影所の「納めの儀式」も終って河合絃司は言った。

俺・五野上力は当時未だ「齋藤力」と名乗っていた頃だ。二百米ばかりの商店街とバス通りの二又路の角に、間口一間程しかない様な、それでも格子戸にちゃんとした暖簾を出している店のとば口の席が、二人のいつもの席で、そこだけまるで予約したみたいに二人を待っていたが、実はすぐ表通りが西武バスの往来でうるさかったに過ぎなかった。

自分はその道路側に座り、俺を奥側へ差し向いになり、熱燗を二本注文し、川合は一つニコリとし、黙って盃を上げる。こちらもそれに倣って盃を合わせると互いに軽く頭を下げ一口干すと初めて「やァ、力さん、今年はどうだった」と口を開いた。それが、二人の〆めの儀式みたいに。

その河合絃司が誰にも語らず、俺にだけ直接語って聴かせた秘話を今日は紹介しよう。勿論、他言は無用に願いたい。さァてお立ち合い(これじゃ他言を憚るは無ぃナ)。

河合絃司。東映東京の傍役では代表格だ

百歳俳優の原点中の原点だ。終戦後間もない頃の或る時、NHK文芸部の放送劇担当ディレクターに一本の推薦者の紹介電話が掛かって来た。推薦したい優秀な者が居るので聴いて欲しいという。(当時は何もない時代だ)電話口に当人を連れて来ている、というのだ。有名な「高瀬川」の一節だ。電話口には河合しか居ない。「ではかわります」と言って暫く間を置いてから、当人のトの字もない当人になりすました河合は「高瀬川」を朗々と情感たっぷりに朗読しきった。NHKの担当ディレクターは、流石に笑って答えた。「紹介したい、という推薦者は実はあなたでしょう」

――時を経て、社会派巨匠山本薩夫監督作品『にっぽん泥棒物語』で、土地の巡査を演じ三國と佐久間のなれ初め事件から、三國が結婚するまでを見守る町の好人物「お巡りさん」を軽妙な演技で好演したのが河合絃司だ。

因みに、その河合絃司は戦傷者で片足が悪い。片方の踵が少し短く靴の裏にそれをカバーする特殊な器具を使っていた事実を知る者は少ない。ことほどさように、普通の歩行も演技に於ても、そのハンディキャップは大方の人間には気がつかれなかった。その努力も又、百歳俳優の隠された意地かも知れない。

(ごのうえ・りき)

独立系成人映画再考 脚本篇③

作家・豊田行二『風立ちぬ』へのこだわり

東舎利樹

白井更生《こうせい》（1932～1989）は広島県出身で1955年大映東京撮影所に助監督として入社し、第3回モスクワ国際映画祭でソ連平和擁護委員会賞を受賞した吉村公三郎「その夜は忘れない（62）」の脚本（白井のシナリオを若尾徳平が直して完成したものが「若尾徳平シナリオ集」〈白川書院〉に収録）を手がけたあとは、新藤孝衛『青春の情事（64）』『砂の上の痴情（64）』などの脚本を執筆。また「愛の海溝（64放送）」「秘密指令883（67～68放送／監督も）」「プロフェッショナル（69～70放送／監督も）」などテレビドラマでの仕事も多く、個人的には中学生の頃たまたま見た白井更生脚本&内藤誠演出の木曜ゴールデンドラマ「北アルプス脱獄誘拐事件（81・5・28放送／原作：西村寿行「回帰線に吼ゆ」）」が印象に残っている。白井には、金井勝らと結成したプロダクション「新制作集団」と「広島県原爆被害者映画製作の会」が共同製作した「ヒロシマ1966（66）」という監督作もあるが、「その夜は忘れない」も、白井が大映から出向し助監督をつとめたアラン・レネ「二十四時間の情事〈ヒロシマ・モナムール〉（59）」も広島での被爆を題材としている。ちなみに福岡県の《極狂遊民カチカチ山》が編集&発行する雑誌「鷽《うそ》」では白井更生追悼特集を組んでおり、第14号（追悼Ⅰ）には「ヒロシマ1966」のシナリオや資料、第15号（追悼Ⅱ）には金井勝による「～白井更生さんを偲んで～ 青い風の季節」の他に新藤孝衛『雪の涯て（65）』『昼と夜の顔〈公開題：肌香《はだか》の熱風〉（66）』や「夜の陽炎（未映像化）」などのシナリオ、そして第16号（追悼Ⅲ）には「日蝕の季節（未映像化）」トヨタ水曜サスペンス「ころし屋（決定稿）」連続TV映画「せんせい おそれ（改題二稿）」などのシナリオを再録しているが、『雪の涯て』のポスターなどでの脚本家名は〝白井明〟『肌香の熱風』では〝北沢順〟なので、新藤の『色と欲（65）』の〝臼井明〟『浮気妻（67）』『穴をねらえ!!（68）』の〝白坂明〟なども含め全て白井の変名なのだろう。

なお「ヒロシマ1966」の照明助手・前田基男は若松孝二『日本暴行暗黒史 異常者の血（67）』熊井啓「忍ぶ川（72）」黒木和雄「夕暮まで（80）」などで照明助手を経験し、三樹英樹『肉体のよろこび（68）』『夜の沖縄 ポルノ狩り（72）』寺山修司の短編「書見機（77／20分）」や、松川八洲雄「にんぎょう（92／34分／文部省選定）」鈴木康敬「ナゴメハギとアマハゲ 秋田・山形の来訪神行事（98／35分／近藤裕康・大沢信夫・新井豊と共同）」といった短編記録映画で照明を。また『穴をねらえ!!』の照明助手・吉野典明は特撮ドラマ「ミラーマン（71～72放送）」などの照明助手を経て、「隠密剣士突っ走れ！（73～74放送）」「アクマイザー3（75～76放送）」といったテレビドラマや柴田敏行のOV作品「テクニカル・ヴァージン（90・12・

7発売）」などで照明を。

吉田義昭《よしあき》（１９３２〜１９８９）は青森県青森市出身で青森県立青森高等学校を卒業（新高恵子や寺山修司は後輩）し、松竹助監督会のシナリオ募集に応募して認められて松山善三に師事。飯村兼助の項でもふれたテレビドラマ「駅の伝言板」の脚本を魚住大二と共に手がけたり、小森白『日本拷問刑罰史（64）』南部泰三『しゃぶりつくせ（65／〝吉田貴彰〟名義）』などのピンク映画や「アルプスの少女ハイジ（74放送）」などのテレビアニメ／舞台／ミュージカル／人形劇など幅広いジャンルで脚本を量産（一説には２０００本以上とも）した吉田は、東奥日報に連載した随筆「日向ぼっこ」から50話を選んでまとめた単行本「思いやり　いのちのスケッチ（87刊）」〈サイマル出版会〉を上梓している。

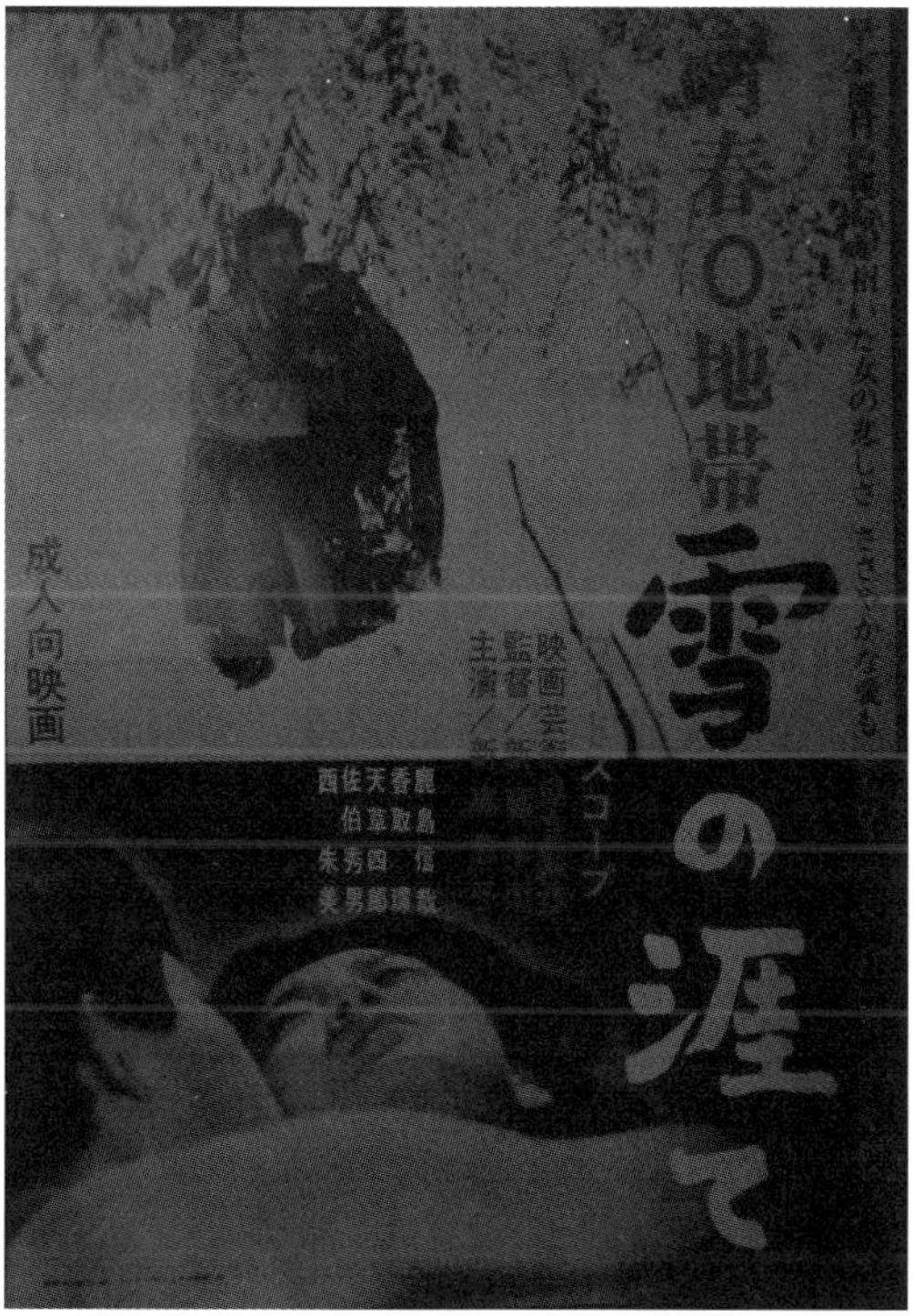

新藤孝衛『青春０地帯　雪の涯て』(65)。脚本・白井更生。男優は鹿島信哉＆女優は新高恵子

吉岡道夫（１９３３〜）は奈良県生まれで、同人誌「麻雀漫画研究vol.1」〈フライング東上〉掲載のインタビューなどによると、学習院大学仏文科（「クイズダービー」の解答者として有名な篠沢秀夫と同級生）を卒業したあと大映東京撮影所のシナリオライター養成部門に入り、枝川弘「団地夫人（62）」の脚色をしたり、「若い炎（62放送／若松孝二が助監督として参加）」「結婚の設計（64放送／吉田義昭も脚本執筆）」といったテレビドラマの脚本を手がけ、「若い炎」での縁からか『赤い犯行（64）』『鉛の墓標（64）』『離婚屋開業中（65）』など若松の初期作品に脚本を提供しているが、その後は「さいごの番長」などの少年小説／「メビウスの魔魚」などのミステリ／「ぶらり平蔵」シリーズなどの時代小説も書いており、麻雀漫画では

〝速水駿〟名義で原作を執筆。なお渡辺護監督の話によると、脚本家の〝五代斗志夫〟は吉岡の変名らしく、若松の『悪のもだえ（63）』山本晋也『生娘（66）』などの脚本家〝五代道夫〟も吉岡だろう。

榛谷《はんがい》泰明《やすあき》（1935〜2014）は北海道生まれで早稲田大学文学部演劇学科を卒業し、蔵原惟繕「海の勝負師（61／二枚目役）」春原政久「恋をするより得をしろ（61／西三吉役）」などの出演を経て1962年に日活撮影所へ入社（大和屋竺・曽根義忠〈中生〉・山口清一郎・岡本孝二・岡田裕らと同期）しているが、若松孝二『情事の履歴書（65／若松と共同）』の脚本を〝大谷義明〟名義（大和屋・曽根・山口との共同筆名）で、若松の『血は太陽よりも赤い（66）』の脚本も大谷名義（俳優の寺島幹夫との共同筆名）で、鈴木清順「殺しの烙印（67）」の脚本を〝具流八郎〟名義（大和屋・曽根・山口・岡田・木村威夫・田中陽造・鈴木との共同筆名）で執筆。その後フリーとなった榛谷はテレビなどの構成・演出を担当しているが、近代放映が製作し榛谷が監督した『ポルノ・コンサルタント』『ワイルド・パーティ』とプリマ企画が製作し渡辺輝男（＝代々木忠）が監督した『火曜日の狂楽赤坂の女』『ブルーマンション』という各30分の非劇場用VTR（16㎜フィルムをUマチックに焼き直したもの）を日活が喫茶店等に販売したが、1972年香川県のビデオ貸付業者が刑法175条の〝わいせつ物頒布等の罪〟の容疑で徳島県の池田警察署（現：三好警察署）に逮捕＆大阪で販売元の日活関西支社から合計51本のビデオテー

南部泰三『しゃぶりつくせ』(65)。脚本・吉田義昭

プが押収され、1979年に最高裁で有罪が確定した事件については、千葉慶「日活ロマン・ポルノ入門（21刊）」〈ワイズ出版〉などに詳しい。また、榛谷は《劇団俳協》の朗読構成劇「あの日たち ナガサキ―1945―夏」の脚本&構成（寺島幹夫も構成&演出で参加）なども手がけているようだが、「幻想の地平線（78刊）」〈草風社〉「レトリカ 比喩表現事典（88刊）」〈白水社〉「縄文の森へようこそ 森と精霊のおぎ話（09刊）」〈中西出版〉といった著書・編書も多い。

若松孝二『赤い犯行』(64)。脚本・吉岡道夫。大阪・千日前にあった《大劇シネマ》のビラ付きポスター。男優は「チキチキマシン猛レース」のケンケン役などの声優としても知られている神山卓三

曽根中生《ちゅうせい》（1937〜2014）は群馬県北群馬郡子持村白井（現：渋川市）生まれで東北大学文学部美術史学科を卒業し、1962年日活撮影所に入社。先に挙げた『情事の履歴書』や「殺しの烙印」の他にも、若松の『壁の中の秘事《ひめごと》（65／俳優の吉沢京夫と共に〝大谷義明〟名義で）』石井輝男「怪談昇り竜（70／石井と共同）」武田一成「ネオン警察 ジャックの刺青（70／大和屋竺と共同）」などの脚本を手がけている。ロマンポルノ路線に転じた日活にて本名の曽根義忠から〝曽根中生〟へと改名して『色暦女浮世絵師（71）』で監督デビューを果たし、その後も『不良少女 野良猫の性春（73）』『新宿乱れ街 いくまで待って（77）』『天使のはらわた 赤い教室（79）』などのロマンポルノ作品や「嗚呼!!花の応援団（76）」「不連続殺人事件（77）」などを監督。1982年に鵜飼邦彦と設立した《フィルムワーカーズ》は曽根の「BLOW THE NIGHT 夜をぶっとばせ（83）」お蔵入りしたロマンポ

ルノ作品『白昼の女狩り（84製作／12公開）』や渡辺護「連続殺人鬼 冷血（84）」浅尾政行「ブレイクタウン物語（85）」などを製作するも倒産。また「EIGA NO TOMO 1982年12月号」〈近代映画社〉などによると曽根が渡辺護と設立し1982年6月15日にオープンした東京・高円寺のタレント養成学校「フィルムワーカーズ俳優塾」には講師に鈴木則文や相米慎二などがおり、1985年に高円寺の明石スタジオで「フィルムワーカーズ俳優塾 第一回公演」がおこなわれ、シンガーソングライターの久野かおりも1988年にアルバム「LUNA」でデビューする前に通っていたらしいが、やはり倒産して借金を抱えた曽根は1990年ごろ業界から行方をくらます。消息不明の間には様々な噂が流れたが、2011年開催の第36回湯布院映画祭にゲストとして登場し健在ぶりを示し、2014年に肺炎のため急死した直後に「曽根中生自伝 人は名のみの罪の深さよ」〈文遊社〉が刊行された。なお同書によると、曽根のロマンポルノ作品『性愛占星術 SEX味くらべ（78／脚本は山本晋也&曽根）』にはピンク映画のプロダクションらしきものが登場するが、監督の三村浩一（益富信孝）は若松孝二が、神田プロデューサー（山下洵一郎）は国映の矢元照雄が、シナリオライターの内野秀夫（椎谷建治）は榛谷がモデルらしい。余談だが、とりいかずよし（1946〜）は愛知県額田郡形埜村（現：岡崎市）出身の漫画家で「トイレット博士」「うわさの天海」などの作品で知られているが、大泉実成「消えたマンガ家②（97刊）」〈太田出版〉に収録されたインタビューによると、映画監督になるのを夢見て19歳（1965年？）の時に上京しピンク映画の現場を手伝っていたというのが《国映》で、時期的には『情事の履歴書』を制作していた前後あたりだと思われ、同じ建物にあった国映傘下のアニメ制作会社《日本放送映画》が作っているテレビアニメ「戦え！オスパー（65〜67放送）」の現場を覗いているうちに興味を持ってアニメ制作を手伝うようになったとりいは、《スタジオ・ゼロ》の原画マンなどを経て漫画家になったようだ。

港雄一（1935〜2019）が男優として黒澤明「天国と地獄（63／ヒロポン患者役）」に出たり、大和屋竺『荒野のダッチワイフ（67／殺し屋のショウ役）』など数多くのピンク映画に出演する以外にゲイポルノ映画『刺青・愛・乱舞《らぶ》（86）』を監督したことは前にも書いたが、出演した小林悟『痴漢電車 拝ませて貫います（93）』の脚本も港が執筆している。なお、港が青年獣医の木村役で出ている梅沢薫『乾いた処女（65）』で大谷牧場の主人・大谷役を演じた井上昭一（1927〜2013）は川島雄三「幕末太陽傳（57）」テレビドラマ「水戸黄門（73〜94放送）」などに出ているらしいが、詳しい経歴は不明。

浦野あすか（1955〜）は福島

県生まれで高校卒業後に上京して日活芸術学院で学び、宗豊『魔性婦人（77）』で女優デビューし、大門登『女体で売ります（80）』北見一郎『未亡人を犯す（83）』などで共演した港の『刺青・愛・乱舞』には〝うらのあすか〟名義で出演&脚本も執筆しており、港とデュエットしたシングル「だまされごっこ／いのち火（83発売）」を出したり、港が主宰する1976年結成の劇団《犯し屋軍団》の一員として全国のストリップ劇場や成人映画館などを回って実演も披露。ちなみに『刺青～』に出ている龍駿介は山本晋也『未亡人下宿　のり逃げ（79／川越流通大学空手部・色川役）』大林宣彦「金田一耕助の冒険（79／バッファロー軍団の一員）」土方鉄人「戦争の犬たち（80／鬼熊役）」といった映画や「プロハンター／第14話：殺しは別れの挨拶（81・7・7放送）」「幻之介世直し帖／第11話：人質救出！暗闇の対決（81・12・13放送）」「西部警察／第118回：あの歌をもう一度（82・2・21放送）」といったテレビドラマに出演。また『刺青～』の照明助手・須賀一夫は新田栄『セミ・ドキュメント　離婚妻の性（86）』梅沢薫『新妻ハードONANIE（88）』伊丹十三「あげまん（90）」といった映画や「大空港（78～80放送）」「スクールウォーズ2（90～91放送）」「もしも／♯10：結婚して子供を生みますか？就職して出世をめざしますか？（93・7・15放送）」といったテレビドラマに照明助手として参加し、ロマンポルノ全1100本の中から76本をセレクトした児玉高志監督&構成のアンソロジー映画『ザッ

若松孝二『離婚や開業中』(65)。脚本・吉岡道夫。アップは松井康子、下部に小さく写っているのは扇町京子

ツ・ロマンポルノ　女神たちの微笑み（88）』では照明としてクレジット。

高山銀之助（1935〜）は東京府東京市の月島地区（現：東京都中央区月島）生まれで國學院大學文学部を卒業後に作家の豊田三郎（「天国に一番近い島」などで有名な作家・森村桂の父）に師事し、「ちかれたびー（76刊）」や、池田敏春『スケバンマフィア　肉刑《リンチ》（80）』斎藤信幸『スケバンマフィア　恥辱（80）』といったロマンポルノ作品の原作である「スケバン・マフィア（79刊）」そして〝平成西鶴〟名義で「江戸の性風俗百巻（02刊）」などを上梓。また、TBSのラジオドラマ「障子の穴（62・1・28放送）」や小川和久（＝欽也）『秘技四十八手　枕絵のおんな（94）』小川が監督した唯一の一般映画「乙女はいつか星になる（85）」などの脚本を執筆し、野上正義のシングル「旅路／だるま船」や「放送禁止歌」などで有名な山平《やまひら》和彦がフォーク組曲として制作したアルバム「女郎花《おみなえし》の賦」のA面全6曲の作詞なども手がけている。なお『秘技四十八手〜』の撮影・伊東英男（1921or〜1997）は映倫による成人向指定映画第1号でもある田尻繁『若夫婦なやまし日記（55）』や〝伊藤〈伊東〉秀朗〟名義で参加した内川清一郎「筑豊のこどもたち（60／関口敏雄と共同・撮影監督は白井茂）」などの他に、大和屋竺『毛の生えた拳銃〈地方題：犯す〉（68）』足立正生『女学生ゲリラ（69）』若松孝二『処女ゲバゲバ（69）』といった若松プロ作品への参加も多く、若松がプロデューサーをつとめた大島渚『愛のコリーダ（76）』若松の一般作「キスより簡単（89）」「われに撃つ用意あり（90）」そして松浦康治（＝松浦康）のゲイポルノ映画『白い牝鹿たち（82）』珠瑠美『ザ・悶絶（87）』など撮影を担当した作品は340本以上という膨大な数に。また『処女ゲバゲバ』の撮影助手・赤川修也（1947〜）は徳島県海部郡美波町赤松出身で木俣堯喬『広域重要指定一〇八号拳銃魔　嬲りもの（68）』渡辺護『新妻のもだえ（69）』向井寛『日本処女暗黒史（69）』などフリーの撮影助手としての活動（67〜70）を経て写真家の長野重一に師事し、その後は日本コカ・コーラのCM「Come on in coke'80　気球（80放送／音楽：矢沢永吉／第20回ACC　CMフェスティバル・フィルムCM部門ACC賞）」NHKのドキュメンタリー「鷹と生きる（97放送／ギャラクシー賞奨励賞）」美波町のプロモーションビデオ「美波と生きる（16／15分／監督も）」などの撮影を手がけ、「郷に生きる　人形浄瑠璃復活一年目の記録（17／29分）」という短編ドキュメンタリーの監督作品もあるが、村上龍「限りなく透明に近いブルー（79）」和泉聖治「オン・ザ・ロード（82）」倉貫健二郎「降りてゆく生き方（09）」や、同じ美波町出身の明石知幸監督が地元でロケ撮影をした「波乗りオフィスへようこそ（19）」といった映画の撮影も担当。そして『ザ・悶絶』の照明・沖茂《おきしげる》（19

23〜）は静岡県出身で松竹大船撮影所照明部（1940年入社）や日本映画社文化映画部（1943年入社）を経てフリーとなり、近江俊郎「歌くらべ三羽烏（55）」新藤兼人「母（63）」市村譲『うごめく女体（88）』中村徳『人妻不倫倶楽部（95）』などで照明を手がけ、CMでの仕事も多い。市村譲『奥さんの股ぐら（84）』の照明・小山《こやま》勲（1938〜）は埼玉県出身で1962年日本ライト社へ入るも1964年フリーとなって平田光治に師事し、磯見忠彦「東シナ海（68）」深作欣二「軍旗はためく下に（72）」森谷司郎「八甲田山（77）」橋本忍「幻の湖（82）」などの照明助手を経て、崔洋一「十階のモスキート（83）」神山征二郎「さくら（94）」などで照明を。市村譲『SM！愛のわななき（91）』に客役で出ている麻生勍司は佐々木正人が監督した浜田雅功主演作「昭和鉄風伝　日本海（91／矢留組組員・内田浩平役）」やテレビドラマ「外科病棟女医の事件ファイル／第10話：顔のない女！美容整形殺人の妖しい罠…（91・9・12放送／湯川役）」などに出演。

若松孝二『壁の中の秘事』(65)。脚本・曽根中生。可能かず子(かづ子)は、のちに“夏海千佳子”と名を改めて浦山桐郎の『私が棄てた女(深井しま子役)』など一般作にも出演

豊田行二《こうじ》（1936〜1996）は山口県下関市出身で早稲田大学大学院経済学研究科を修了後に帰郷し、防長新聞の記者や山口県選出衆議院議員の私設秘書などを経て執筆した処女作「示談書」は第32回オール讀物新人賞を受賞＆第59回直木賞候補にもなり、翌年妻子を下関に残して単身上京した豊田は、糸山英太郎の著書「怪物商法／常識をぶち破る」「太陽への挑戦―糸山のわが闘争序章」のゴーストライ

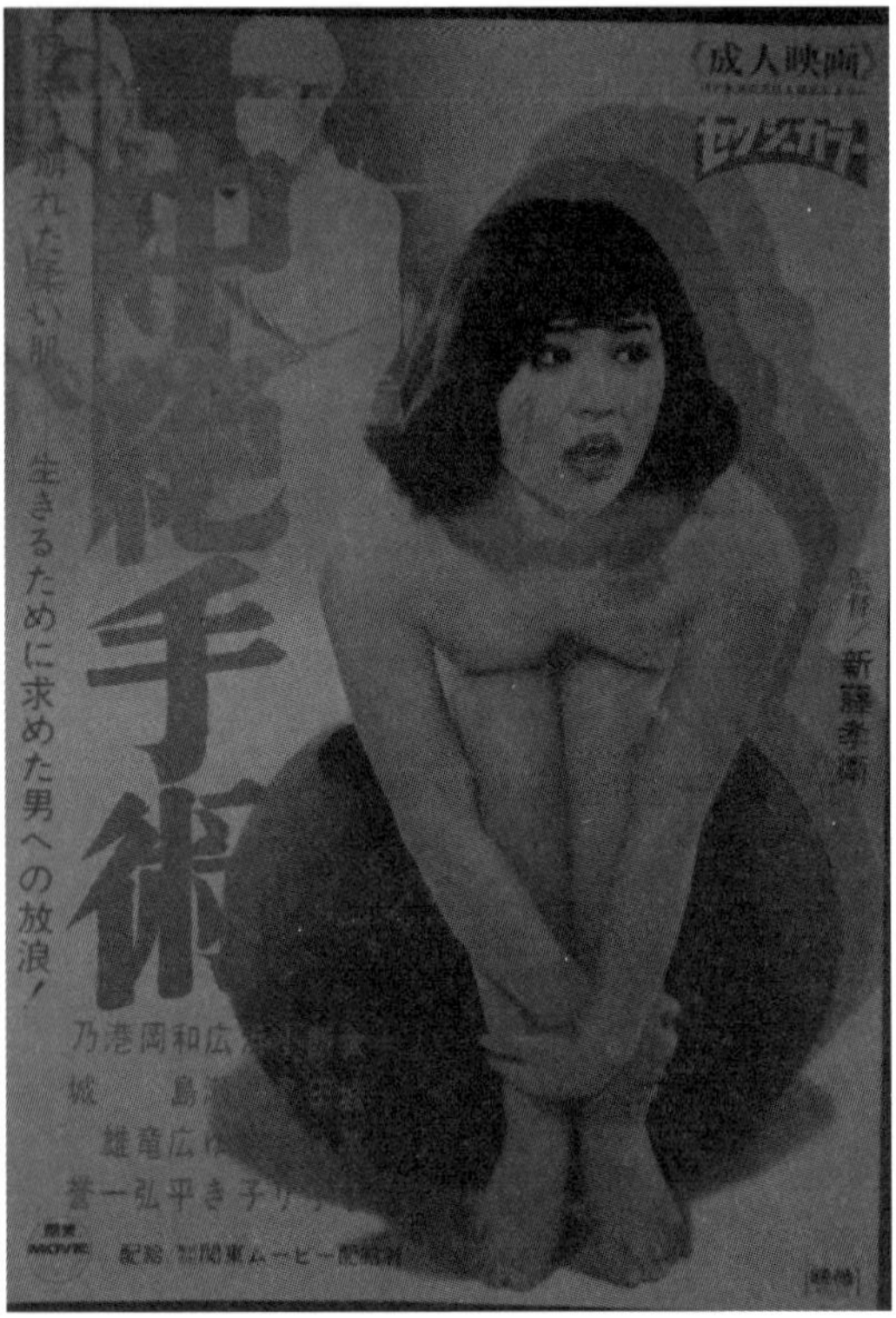

新藤孝衛『中絶手術』（69）。脚本・今子正義

ターをしたり、政財界の内幕物や官能小説など著作も数多いが、「回想の『風立ちぬ』土佐のクロサワ覚え書き（91刊）」〈マガジンハウス〉の著者である伊集院通（1930〜）監督&実相寺昭雄監修のアダルトビデオ『風立ちぬ（88・9・28発売）』〈KUKI〉として製作され、のちにエクセス配給で劇場公開もされた『ブルーフィルム幻の名作　風立ちぬ（91）』の脚本も執筆。ちなみにブルーフィルム版「風立ちぬ」の製作過程を題材にした『若妻日記　悶える（77）』という林功のロマンポルノ作品も。余談だが、アダルトビデオメーカー《KUKI》の社長・中川徳章と知り合った伊勢鱗太朗が初めて構成&編集を手がけた三部作のAV『BLUE FILM　風俗小型映画（秘）永久保存版8ミリフィルム』の第2巻「四国・高知編」では〝土佐のクロサワ（あるいは1965年に64歳で他界したグループの創始者の通称が海老原〈蛇原〉だったので〝海老原グループ〟とも）〟と呼ばれた集団による作品を中心とする数本が製作の背景や特徴などの解説を交えながら紹介されているが、残念ながら名作と呼ばれている第2作『風立ちぬ（51）』第3作『柚子っ娘（52）』などは含まれておらず「発掘次第、紹介するつもりです」とのテロップが。

今子《いまこ》正義（1937〜）は広島県広島市小町（現：中区）生まれで早稲田大学第一文学部演劇科に入学。大学の先輩である脚本家の白井更生に指事していた縁で卒業後の1960年に大映東京撮影所へ入社し、木村恵吾「お傳地獄（60）」で初めて助監督につき、以降も田中徳三「鯨神（62）」湯浅憲明「ガメラ対宇宙怪獣バイラス（68）」島耕二「怪談おとし穴（68）」田中重雄「高校生番長　ズベ公正統派（70）」などに助監督として、帯盛迪彦「ヤングパワー・シリーズ　大学番外地（69）」には原案としてクレジットされているが、帯盛の「新・高校生ブルース（70）」鷹森立一「温泉おさな芸者（73

外狩直和

／鷹森と共同）」や、林功『女子大生SEX夏期ゼミナール（73）』近藤幸彦『女調査員SEXレポート　婦女暴行（73）』といったロマンポルノ作品、そして「シークレット部隊／第3回：女子高校生の禁じられた遊び（72・4・21放送）」や臼井更生（第234話）吉岡道夫（第12／188／223／234話）らも脚本を手がけた「ザ・ガードマン／第344話：煙突の上で無理心中したヌードの美女（72・11・12放送）」などテレビドラマの脚本も手がけ、増村保造「遊び（71／伊藤昌洋・増村と共同）」の脚本は「年鑑代表シナリオ集〈1971年版〉（72刊）」〈ダヴィッド社〉に収録されているが、新藤孝衛『牝馬のいたずら（69）』『中絶手術〈台本題：愛の色彩〉（69）』『現代寝わざくらべ〈台本題：三人娘奮戦記〉（71）』新船澄孝（＝新藤）『女子大生性の成熟〈台本題：心中前衛派〉（71）』沢賢介『花弁の悦楽（71）』などの脚本を書いたり、鶴川耕一＆新船澄孝『情艶の肉体（71）』の助監督をしている〝今正樹〟が今子の変名だという説がある。新藤も大映東京撮影所で助監督経験があるが1957年に退社しており、1960年入社の今子と直接的な繋がりはないものの、何らかの接点があっても不思議ではない。大映東京撮影所助監督室編集＆発行の冊子「助監督　14号（66刊）」には前年の日本映画監督新人協会のシナリオ・コンクールに応募した今子のオリジナルシナリオ「贋痴漢」＆新藤兼人評が、「助監督　19号（70刊）」にはオリジナルシナリオ「新宿残酷物語」が掲載されており、筆者が入手した『現代寝わざくらべ』の台本には、大映マーク入りの修正原稿が1枚挟み込まれていた。その後《（株）生保リサーチセンター》で長年にわたり管理・経営に携わっていた今子だが、退職後は小説家として「棘のある視線　―女と男のミステリー14話（99刊）」〈西田書店〉「小説　保険金詐欺（05刊）」〈祥伝社文庫〉「W杯サッカー日本の礎　原爆少年サッカー魂（14刊）」〈南々社〉などを上梓しており、「特撮秘宝　vol.2（15刊）」には今子のインタビュー記事も掲載。なお『女子大生〜』の製作進行として〝外狩直和〟という名前があるが、これは1971年8月7日午前2時頃に起きた警視総監公舎爆破未遂事件にからんで自動車窃盗の容疑で別件逮捕された元・日大全共闘の外狩直和（1947 or 48？〜）のことで、外狩は愛知県出身らしく1967年4月に日本大学第二部経済学部経済学科へ入学し、昼間は運送業や薬品店等のアルバイトをしていたが、爆破未遂事件の被告のひとりでもあった岩淵英樹が新宿区三光町に開店したバー「淵」へ1971年5月7日（註：自動車窃盗が実行されたとされる日）に映画監督の新藤孝衛らが来店し、岩淵からの連絡で同日午後9時ごろ同店に赴いた外狩は近くクランク・インする映画製作のスタッフとしての採用の件について

新藤と面談して同年5月中旬から新藤らが行なう映画撮影の仕事に従事するようになった…というのが同年7月6日に公開された『女子大生～』の事だと思われ、単行本「実録 虚構解体 其之二（82刊）」〈ＪＣＡ出版〉のＰ63に「（捜査主任官）松永作成の調書通りだと、その映画の撮影準備に外狩は間に合わなかったことになるが、クランク・イン以前に完成している台本には、スタッフの一員として外狩の名前が印刷されている。」とあるのも同作品を指していると思われる。裁判の証人として5月中の「淵」の伝票を示されて尋問された新藤は、5月7日「淵」で外狩と出会っていわゆる採用面接をしたか否かにつき記憶がない旨供述（東京地裁係属事件公調証言）をし、（当日）新藤監督と共に有楽町である映画の試写会を観たあと、夕刻スタッフ採用の面談に新藤が新宿に向かったのが5月7日で間違いないとする俳優の〝港雄一〟こと小平貞雄（『女子大生～』にも出演）の供述（同・公調証言）はその記憶の根拠を示すメモ（手帳）の呈示がないばかりか記憶喚起の時期・方法がかなり不自然であって信用に値いしないという判断だったが、最終的に外狩は裁判で無罪となったようだ。ちなみに「実録 虚構解体 其之一（74刊）」〈虚構解体社〉には外狩執筆の〝刑法改正」と爆取フレームアップ〟という文章（初出「月刊・虚構解体」七号）が掲載されており、日本大学文理学部闘争委員会書記局：編「新版 叛逆のバリケード 日大闘争の記録（08刊）」〈三一書房〉の「第四章・日大全共闘、現在を語る」に掲載された「銀ヘルと私／小林一博」にも5名が起訴され83年に全面無罪を勝ち取った冤罪事件のことが記され、ネットで検索すると「三一書房労働組合を支える会」呼びかけ人として〝外狩直和（「新版 叛逆のバリケード」著者）〟といった肩書きも見つかるので、外狩自身も（編集委員としてクレジットはされていないが）編者として関わったのかも。また、ミニコミ「日大闘争の記録 vol 9忘れざる日々《とき》（19刊）」〈日大闘争を記録する会〉には山際永三（当時・日大闘争救援会）による「一九七一年『警視総監公舎爆破未遂事件』の概要」という解説や、福富弘美（当時ジャーナリスト）でやはり逮捕された）による「『総監公舎』国賠訴訟始末」など事件に関連する文章も掲載されている。

（ひがしや・としき）

『愛の色彩〈映画化題：中絶手術〉』（69）『三人娘奮戦記〈映画化題：現代寝わざくらべ〉』（71）『心中前衛派〈映画化題：女子大生　性の成熟〉』（71）の台本

楽屋話など　第四回
ポケットの奥のジョン・フォード

猪股徳樹

『逃亡者』にまつわる、すべらない話

本作品の舞台は、あくまでも「某国」である。中南米のどこかで、船の航路で周辺国と結ばれている。冒頭のナレーションで、「赤道の南側か北側かも解らない」とあった。この国の政府は、革命で築かれたようだ。革命国家は、次の革命を恐れるのは世の常である。この某国も人民の蜂起を恐れて、ただひたすら弾圧をしている。国民から信仰心を奪い、神に祈る事を禁じた。強力な警察制度を敷き、宗教心に帰依した者は、ただちに処罰される。この主人公の聖職者（ヘンリー・フォンダ）は危険を覚悟でこの国に潜入した。警察はそのための情報収集に大勢のタレこみ屋をかかえているようだ。この聖職者の正体を洗うため、異常にしつこく付けまとう浮浪者は、タレこみで生計を立てている。警察とは利用し、利用される関係だ。姿もやる事も、人間としての品位も、これ以上考えられない汚さだ。自分が売った情報のために処刑される神父に、祝福してくれと土下座する。祝福とは「ポケットの残金を俺にくれ」と言っているのだ。何も解っていない哀れな男を演じ切ったのはJ・キャロル・ネイシュ。『リオ・グランデの砦』では騎兵隊の最高司令官フィリップ・シェリダン将軍を威厳を持って演じ分けた。

ジョン・フォードはかの有名な「野戦撮影隊」を組織化させ、多くの戦線で結果を残した。メリアン・C・クーパーもまた戦闘経験のある映画人で、いわゆる同じ種類の人間だった。戦後、意気投合した2人は自分たちだけのプロダクションを起こす事で意見が一致した。フォードにしてみれば20世紀フォックス社との契約に縛られ、ザナックの現場介入にはうんざりしていた。1946年2人は共同で「アーゴシィ・ピクチャーズ」を設立。第1回作品が本作品『逃亡者』であるが、興業的に大失敗となった。宗教色が濃いと娯楽性が無くなる。主人公が極めて理不尽な権力に処刑されて終わる映画は、誰も観に来ない。ダン・フォードの「ジョン・フォード伝」によれば、フォードは「独立プロダクションでは、常に客を呼び、儲ける事を考えなければならない事を痛感し、大いに勉強になった」と述べている。フォードは失敗から学んだ経験を噛みしめて、『逃亡者』の次に、『アパッチ砦』『三人の名付親』『黄色いリボン』『幌馬車』『リオ・グランデの砦』『静かなる男』の6作を世に放ち、いずれもヒット作となった。5本は西部劇である。1953年にフォードとクーパーの2人の曲者はケンカ状態になり、アーゴシィ・ピクチャーズは解散する。

しかしその翌年、『太陽は光り輝く』でフォードはクーパーの妻、ドロシー・ジョーダンの重厚な演技に助けられる。そして、その3年後の『捜索者』はドロシーの存在なしでは語れない作品であった。

本作品は、世の評価は散々だったが、画面を構成するモノクロの陰影、アングルの絵画的効果や、警察騎馬隊のダイナミックなフォードタッチは健在である。ジャック・ペニックはここでも軍事考証ならびに、ロケ先のメキシコでエキストラ達の訓練に教鞭を執って、警察国家の緊張感あふれる映画に仕立てている。

そして、老練フォード監督は、物語が只の権力横行の悲惨ばかりが表に出ないように、2人の人物を登場させた。一人はアメリカで強盗を働き、この国へ逃げ込んだ無法者（ワード・ボンド）。カバンの中には札束と拳銃が入っている。どうやら強盗のプロのようだ。この部分だけで一本映画が作れる。『ゲッタウェイ・2』とか。ワード・ボンドは生き生きと楽しんで演じている。この無法者と聖職者は、何度かすれ違うが接触は無い。最後に無法者は撃たれて死期が迫り、聖職者に来てもらうが、それは死にゆく無法者を利用した罠だった。無法者はその罠に気が付き、聖職者に「俺の銃を持って逃げろ」と言う。無法者には無法者の仁義があって、この物語で初めて人の心の奥にあるものに我々は振れる。

もう一人は騎馬警官隊長（ペドロ・アルメンダリス）。驚くのはこの男、元は弾圧される原住民だったのだ。どうやって寝返ったかの説明はないが、警察の隊長なのだから恐れ入る。そして人民に言う「俺も元原住民だが、お前たちと違って、俺は誇りを持っている」と。この男は人間的苦悩をも持っている。それは弾圧される住民の中に妻（ドロレス・デル・リオ）がいる事だ。隊長は妻の身を案じる。妻は子供を抱いているが、この子の父親は隊長だ。父親は立場上、子供の洗礼を取り締まっているので、自分の子供に洗礼名を付けられないという矛盾を抱えるが、解決の道はない。男は警察に入隊し、親元で妻をめとり子供も生まれたが、騎馬隊長に出世して多忙と称して家に帰らなくなった。家長は世間体のため女と子供を家から追い出したのだ。女は生きるため酒場女になり、警察隊長の夫に再会したのだった。

隊長は妻がとても信仰心が篤く、一緒に暮らすどころか、投獄させなければならない存在だ。この隊長は抜き差しならない自己矛盾から逃避するため、人民の弾圧に精を出し、更に矛盾を深めているようだ。

〈脇役紹介〉　実に怪しい界隈の得体の知れない大道芸人、クリス・ピン・マーティンを紹介する。表向きは、猿を肩に乗せたオルガン弾きなのだが、裏社会のやくざ者を活き活きと演じている。『駅馬車』ではアパッチウエルズ中継所のオヤジの役。リンゴーの父親とは昔の仲間で、リンゴーは復讐を思い止まらせようと説得する。他には『四人の復讐』『ハリケーン』など。

『逃亡者』のクリス・ピン・マーティン

『黄色いリボン』にまつわる、すべらない話

画家フレデリック・C・レミントンは西部を愛し、騎兵隊、開拓民、インディアンを題材に史実に基づいた多くの絵を描いて東部の人に、現状を伝えた。その色彩には目を見張る緻密な美しさがある。ジョン・フォードは

敬愛するレミントンの絵画のような映画を作りたくて企画されたそうだ。カメラはウィントン・C・ホックが担当する。ウィントンは見事にアカデミー撮影賞を拝受して、以後多くのフォード作品でカメラを廻した。筆者の主観だが、本作品の中で、レミントンの絵を起想させるカットを拾い上げてみた。

ネイザン・ブリトルズ大尉（ジョン・ウェイン）は自分の生涯を合衆国騎兵隊に捧げた。セリフの中で「入隊したときは裸足だった」と言っている。南北戦争を経て、南西部のスターク砦に配属され、残りの人生をインディアン戦に捧げ、退役を迎える。妻と2人の娘もこの砦の墓地に眠っている。そんなネイザンの7日間の物語である。そして我々は、自身の定年退職という経験をネイザン大尉に重ねて、この作品を観ている。

撮影されたのは1949年、ジョン・ウェインが42歳のときで、当時の陸軍の退役は何歳か定かでないので、仮に60歳とすると、18歳老けた役柄である。前年もジョン・ウェインは『赤い河』で半白髪の男を演じ、老け役は実証済み。

ネイザン・ブリトルズ大尉の7日間の行動を記す。

退役4日前：砦内で隊務をこなす。夕方、妻の墓前で退役を報告する。

退役3日前：最後のパトロールに出陣。アラパホ族の大部隊に遭遇し、大きく迂回する。先に出陣していたクェイン隊4名と合流。負傷したクェイン伍長（トム・タイラー）を手術。遅れが生じて、夜を徹して行軍したと思われる。

退役2日前：駅馬車中継所を襲うインディアンを撃退。クェイン隊の残りと合流。スミス上等兵の戦死。葬儀。駅馬車は焼かれて運行不可。隊は闇夜に乗じてここを離れ、砦に引き返すべく、2日目の夜も移動に徹する。

退役前日：パラダイス河に到着。コーヒル中尉（ジョン・エィガー）以下2個小隊を残して砦に帰還。全てに成果無し。退役の事で感極まり、妻の写真に一晩語り、寝ていない。

退役当日：C中隊に最後の訓示と謝辞。時計を送られる。単騎、砦を去る。河でコーヒル隊に合流。タイリー軍曹（ベン・ジョンソン）を伴ってインディアン連合軍の本陣に乗り込み、老酋長（チーフ・ビッグツリー）に面を通すが成果なし。夜、インディアンのキャンプに攻撃を仕掛け、馬を蹴散らす。深夜0時に民間人となったネイザンは、隊に別れを告げて、一人西に向かう。

退役後1日目　西へ西へと進む。夕方、タイリー軍曹が追ってきてキャッチアップ。新任辞令を渡される。現大統領、最高司令官2人の署名で、斥候職と中佐の位が与えられる。

退役後2日目　タイリー軍曹と砦に引き返す。夕方砦に着き、歓迎パーティに迎えられる。妻に再雇用を報告。再雇用歓迎パーティでは、おびただしい数の将校たちが拍手でネイザンを迎えた。おそらく近隣の砦の将校たちが夫人を伴って総出で駆けつけたのだろう。

負け戦が大好きなフォードにしては、優しさ全開の、めでたしめでたしのエンディング。昇格も大尉から少佐を飛ばして中佐になって、司令官のオールシャドウ少佐を抜いてしまった。こんなお偉いさんがフィールドで斥候やったら、周りもやりにくい。付け足しリップサービスもほどほどに。

グールディングロッジのはずれにネイザンが居住に使った小屋があって、中は小さなミュージアムになっている。中に入ると壁にカレンダーが掛けてある。映画の中でネイザンが残り何日かの赤線を引くのだが、リアルに再現されていて、嬉しくなる。現在はこの谷へのアクセスは立派な道路が出来ていて、世界から観光客が押し寄せている。その人たちは必ずしも映画ファンではないし、フォードを知らない人も多いと思う。

アメリカは南北戦争の終結後、全ての先住民を居留地に閉じ込めて、先住民などいなかった様な、壮大な白人国家を世界に示すため、民族浄化に近い国策を取った。当然、先住民のインディアンたちには不満が募り、国家との協定を破り、居留地を出ては白人を襲った。遂にはスー族、シャイアン族、アラパホ族、等々は１８００人の大連合軍を編成して第7騎兵隊カスター隊とリトル・ビッグホーンの戦いで勝利して、カスター隊２１２名は全員戦死した。本作品はこの物語の舞台となるスターク砦に、軍事用通信回線を通じて、この悲報の第一報が入ったところから始まる。夕方、続いて軍事郵便で死亡者リストが届く。この風雲急を告げる状況で、主人公のネイザン・ブリトルズ大尉は退役して、砦を去らなければならない。

先に出発したパトロール隊のクェイン伍長は、駅馬車中継所で、インディアンの猛攻を浴びる。あまりにも多勢に無勢だ。そこへネイザン大尉の指示で単騎駆けつけたタイリー軍曹が防戦に加わる。クェイン伍長は本隊に

救援を求めるべく、部下3名と本体に向かうが、被弾してしまう。何とか本隊に遭遇し状況を報告する。本隊に

名手ウィントン・ホックの撮影は、レミントンの絵のようだ

は司令官（ジョージ・オブライエン）の妻オールシャドゥ夫人（ミルドレッド・ナトウィック）と姪のオリビア（ジョーン・ドルー）が同行していて、全てが遅れていたのだ。ネイザン大尉は、駅馬車中継所へ突撃し、インディアンを撃退して子供たちを救い出す。しかしスミス上等兵（ルディ・ボーマン）が戦死してしまった。その夜、隊のキャンプで、元南軍出身者たちの意思で、スミス上等兵の葬送が執り行われた。実は、スミス上等兵とタイリー軍曹は、南軍時代は将校だった。スミス上等兵は救援されたとき、「立派に騎兵隊の伝統を守った事を報告します」と言って息を引き取った。遺体は、急遽作られた南軍旗に包まれて埋葬された。元南軍軍人が合衆国騎兵隊に再入隊した場合は、これまでの軍位は全てリセットされ、新兵から再スタートを切る事を、我々はこの作品で学んだ。

本作品の重要な着目点はインディアンも軍人も相手をリスペクトしている点である。だから相手を狙い撃ちはしていない。軍の最終目的は、インディアンを居留地に戻す事で、殺傷ではない。そのため、戦死者は、冒頭の死体で発見されたチードル主計官と、スミス上等兵の2人だけである。ネイザン大尉はインディアンへ応戦するときも「頭の上を狙え」と指示を出している。民間人の

軍事商人(ハリー・ウッズ)と、インディアンへの口利き屋(ポール・フィックスとピーター・オティス)の3人は惨殺された。その表現は本作品唯一の暴力シーンである。

被弾したクエィン伍長は、ゆれる馬車の中で摘出手術を受ける。伍長の頭を膝枕させ、麻酔を担当した軍医の助手がいる。この人は、砦の鍛冶場のワグナー軍曹（ミッキー・シンプスン）の部下だ。背が小さくて150センチぐらいか。馬の蹄鉄、馬車の車輪や車軸受け、などのメカニック全般の担当部署なのだろう。行軍のときは帯同するのは当然だ。ついでに軍医の助手もやる。クインキャノン軍曹（ヴィクター・マクラグレン）を連行する5人の突撃隊の中にもいた。巨漢クインキャノンをぶん殴ろうと椅子を踏み台にしたが、カウンターの向こうへ投げ飛ばされた。ずい分荒っぽいが、この人はビリー・ジョーンズというスタントマンなので、投げ飛ばされてナンボ。『静かなる男』では競馬のスタートのラッパを吹いていた曹長。

オローリン軍医（アーサー・シールズ）は、戦死者が出ると牧師に早変わりする。町でも歯医者と、床屋と、風呂屋を兼ねた例は良く見る。

騎兵隊3部作などと呼ばれた、これらの作品には古参クィンキャノン軍曹が登場する。『アパッチ砦』ではディック・フォーランが演じ、『黄色いリボン』『リオグランデの砦』ではお馴染みヴィクター・マクラグレンが専売特許を築いた。調べて見ると『肉弾鬼中隊』のJ・M・ケリガンのクィンキャノン騎兵が元祖のようだ。その後『男の敵』では会話の中にこの名の人物が出てきて、『サブマリン爆撃隊』のJ・ファレル・マクドナルドがクィンキャノン役。監督はそんなにお気に入りなら『シャイアン』のマイク・マズルキ演じるウィコウスキー軍曹をクィンキャノン軍曹にすればよかったのにと思ったが、それは駄目、出来ないのだ。クィンキャノンはアイルランド人で、演じる俳優もアイルランド系なのだ。こんな映画作りって、監督は楽しいんだろうな。このスターク砦や、そこの土地はジョン・フォードの理想郷「フォードランド」なのだ。

ここで筆者の主観だが、忘れられないセリフを拾い上げてみた。

「やぁ メアリー」（墓石に）

「謝罪は弱さの象徴だ」

「西へ行こうと思う。新天地カリフォルニアだ」

「黄色いリボンか。騎兵隊では恋人を意味するんだ」

「立派に騎兵隊の伝統を守った事を報告します」

「そんな気にはなれません。しかし、命令ならば健康を祈って」

「さっさとキスを返せ、日が暮れるぞ」

「彼らが戦った土地が、アメリカ合衆国になったのである」　【字幕から転記】

〈脇役紹介〉　このスターク砦の鍛冶担当のワグナー軍曹を演じたミッキー・シンプスンを紹介する。

『黄色いリボン』のミッキー・シンプスン

クインキャノンを連行するためハンマーを持って突進したのだが。ネイザン大尉の再雇用パーティでは、ネイザンを心から温かく迎えていた。『荒野の決闘』で、クラントン家の3男サムを、『幌馬車』ではクレッグ家の3男ジェシーを演じた。『太陽は光り輝く』でも町の鍛冶屋。『ウィリーが凱旋するとき』では、ウィリーを迎えに来たMP。その他、フォード作品ではないが、『ジャイアンツ』でロック・ハドソンと映画史に残るモーレツな殴り合いを演じたレストランの主がこの人。テキサス式の民主主義を具体化してくれた。

『ミスタア・ロバーツ』にまつわる、すべらない話

理由はともかくとして、本作品はフォードとマーヴィン・ルロイの共作である。ファンはどの部分がフォードのメガホンか気になるが、ここにとても判りやすい分別法がある。

フォードはオファーを受けるや、早速いつもの面々に集合をかけ、特別機を仕立ててミッドウェイ島に渡った。海軍の協力を取り付け、オンボロ貨物船を借り切って「バケツ号」と呼んで撮影に入った。大きく分けて、実際のバケツ号を使った艦上や屋外がフォードの監督。狭い艦内シーンがルロイの監督で、ワーナーのスタジオで撮影された。そもそもこの物語は舞台劇で、艦内の人間ドラマなのだが、フォードは何やら別の解釈をして、雄大な海洋ドラマをイメージしたようだ。その結果、フォードとフォンダの関係は破綻する。そのくだりは、多くの著

書に克明に記述されている。そして、フォードは自らを降板させて、「胆のうに異常がある」と、入院してしまった。共作と言っても同時進行ではなく、フォードが降板した後、ルロイがバトンを引き受けた流れはご理解頂けたと思う。

ものは考えようだが、この物語は重たいストーリィではなく、反りの合わない艦長（ジェームズ・キャグニー）と、ロバーツ中尉（ヘンリー・フォンダ）との確執を、コミカルなドラマにした、我々の身の周りにも間々ある話である。二人のやり取りはキャグニーのキャラクターに全てが委ねられるが、『栄光何するものぞ』の再使用である。フォードは、難しく考えないで、（言っちゃ悪いが）折角のミッドウェイとハワイのロケだし、肩の力を抜いて、仲間内で大いに羽を伸ばそうという「大人の判断」があったのだろうと思う。しかし、ヘンリー・フォンダが石頭だとは断じないが、少なくとも、この作品に休養を兼ねて主役を張るつもりはなかったようだ。6年間ハリウッドを離れ、ブロードウェイで主役を演じ通したフォンダには、誰にも動かしがたい「ミスタア・ロバーツ」観と、彼なりの哲学が出来上がっていた。折角、映画にするのなら、ステージでは出来ない雄大な「ミスタア・ロバーツ」だって一つの答えとしてあると筆者は思う。しかし状況は最悪事態へと突き進んだ。

不幸中の幸い、フォードが意図したロケによる野外のシーンは撮り終わっていて、そっくり生かされた。バケツ号とはスタッフ側のニックネームで、物語上は「Reluctant 号〈いやいや号〉」である。

フォードはミッドウェイで野外の撮影を終えるや、船と撮影隊を次のロケ地ハワイに移した。ハワイにはフォードの私船アラナー号も、持ち主が来るのを今かと待っていた。フォードはいつもの腕のいい料理人を船に住まわせていた。撮影が終わるとホテルではなく、現場のすぐ近くの自宅に帰るようなもの。何という贅沢。いつもの面々と夕食前の開帳と酒。今夜のメインはマカジキのソテーか。そして、それから数日後に、全てが崩壊してしまう。

本来の、軍の兵站《へいたん》機能は、軍事物資全ての補給や整備をし、兵員の組織を構築し、設備や衛生面の維持など、軍事作戦の後方支援の全てを指す。作戦の戦果が兵站にかかっていると言ってもいい。本作品の「いやいや号」も、小規模な兵站を担っているが、受け持つ物資は、トイレットペーパーや、練り歯磨きやアスピリンの類の補給で、無ければ困るだろうが、兵士たちには使命感も達成感も無いようだ。しかも戦線からは大きく離れた、ポリネシア諸島だ。セリフによると、「8000キロ以内に敵艦隊はいない」と言う。この言い回しは「この地球上に、敵は一人もいない」の意味。何故なら、地球の半径は6000キロだから。

　艦長のジェームズ・キャグニーを、ギャング映画でしか知らなかった筆者は、この可笑しくも楽しく、人間の弱さをチラチラ見せてくれる、キャグニーをすっかり好きなってしまったものだ。

　この船の将校のジャック・レモンが、女性の訪問客たちを艦内ガイドしていて、調理場のバケツの汁をすくって飲んで「もっと塩を入れろ」とエラソーにコックに指示を出す。このバケツは食器洗いで、スープではなく石鹸水なのに。フォードはこれと同じことを丁度10年前に『コレヒドール戦記』でやっている。部下を連れて基地を見回る若い将校が、食器洗いのバケツの水を飲んで「ひでえ味だ」と言う。コックはどちらもハリー・テンプルック。ハリーは慌てて大量の塩を振りかけていた。

　ここで忘れられないセリフを一つ。

「(この双眼鏡は) どっちから覗く?」「どっちでも良いんだよ」

　聞く方も聞く方なら、答える方も答える方。【字幕から転記】合衆国海軍の兵士がコレだから、この船の戦意も推して知るべし。

〈脇役紹介〉同じ役と言えば、泥酔兵たちを船まで運んでくれたMPのジェームズ・フレイヴィンは、15年前に「果てなき航路」で、スッテンテンのバリー・フィッツジェラルドを船まで運んでくれた警官。この渋いベテランを紹介する。

『ミスタア・ロバーツ』のジェームズ・フレイヴィン

　『荒鷲の翼』『最後の歓呼』『シャイアン』。警察とか軍人とか、制服が似合う人だ。『最後の歓呼』では、市長のゴマをするため葬儀場に駆けつけた消防署長役。哀悼の気持ちはゼロ。

（いのまた・とくじゅ）

映画論叢のバックナンバー

●品切れ　1号／2号／4号／8号／11号
●在庫僅少　7号／14号／16号
【27号】緑魔子&小谷承靖監督&柴田吉太郎監督インタビュー
【28号】高宮敬二自叙伝／横浜モダン・北林透馬／日本ロボット映画
【29号】B・クリステンスン研究／中田康子インタビュー／談志追悼
【30号】小森白インタビュー／B・ラ・マール伝／仏家庭映画小史
【31号】伊沢一郎・日活の青春／翻訳映画人・東健而／『殺人美学』再評価
【32号】70ミリ映画女優・上月左知子／土屋嘉男インタビュー／改題縮尺版
【33号】小笠原弘インタビュー／松竹キネマ撮影所／東宝レコード
【34号】阿部寿美子自伝／ラッセル・ラウズ監督再評価／福宝堂完全リスト
【35号】鬼才W・グローマン／アルモドバル本の誤訳／佐々木勝彦語る
【36号】ルーペ・ベレス／東映東京の〝血と骨〟／動物モノの巨匠A・ルービン
【37号】マイ・ゼッタリング／A・ド・トス／ブルーバード映画とロイス・ウェバー
【38号】西村潔〝お蔵入り〟の真相／J・ガーフィールド／『警視庁物語』
【39号】レムリ一族の興亡／原一民のみた黒澤明／ウェンデル・コリー
【40号】映画監督・三船敏郎／ディック・パウエル／和製ターザン樺山龍之介
【41号】河合映画・由利健次／『ファンタジア』／アードマン・アニメ
【42号】『どろろ』映画化／近藤経一／W・ベンディックス／全勝映画大調査
【43号】中川信夫の教育映画／東宝ビデオレンタル黎明期／A・ケネディ
【44号】小倉一郎、村井博のみた加藤泰／東独映画／フォード一家名簿
【45号】大船スタア園井啓介／ジョン・ギャヴィン／新東宝・大貫正義
【46号】『自動車泥棒』・和田嘉訓／歸山教正周辺／ビスタ・サイズの誤解
【47号】大映・小野川公三郎／ヘンリー・コスター／J・ウェインと仲間
【48号】ジョン・ファロー／『ジョアンナ』研究／森下雨村の映画／堺勝朗
【49号】田口勝彦による東映東京／ロリー・カルホーン／スコープ・サイズ
【50号】『二十歳の恋』田村奈巳／『2001年』半世紀／J・チャンドラー
【51号】三上真一郎追悼／『サロメ』女優／ビデオとワイド画面／岸田森
【52号】製作者・奥田喜久丸／カーレースと映画／『一寸法師』映画化
【53号】画家としてのスタア／J・スタージェス／テレビの画面サイズ
【54号】オーディ・マーフィ／オクラ入り『殺人狂時代』／ミスタンゲット
【55号】ジミー・ウォング／デジタル時代の画面サイズ／L・ノーラン
【56号】岡本喜八未映画化作／旗本退屈男研究／浅香光代ストリップ剣劇
【57号】満映の岩崎昶／フィルムIMAX史／栖の會と三島映画
【58号】ハワード・ダフ／歌うスター高田浩吉／ルイス・ギルバート

【59号】ジョン・フォードと軍人　猪股徳樹／ルパンの翻訳者・保篠龍緒の『妖怪無電』　湯浅篤志／日活歌謡シアターの盛衰　二階堂卓也／関本郁夫未映画化作品　谷川景一郎／尾張の帮間・或る作家の横顔　森卓也／戦前大船撮影所の裏面／コメディアン二十面相　飯田一雄／日本映画監督本数くらべ　最上敏信／布村建遺稿&追悼鈴木義昭

【60号】ワンカットが俺の青春―東宝俳優・西條康彦インタビュー　小関太一／シネラマの商業的成功　内山一樹／新劇俳優TV吹き替え列伝　千葉豹一郎／女剣劇スタア・筑波澄子　飯田一雄／戦前池袋・大東亜劇場回顧　冬樹薫／深田金之助の成人映画　東舎利樹／リバイバル上映徹底追跡　最上敏信／水木洋子TVに挑戦　奥薗守

【61号】映画研究者・畑暉男追悼　川本三郎・猪股徳樹・田口史人・佐藤洋／シネラマの興亡―継ぎ目のない新方式へ　内山一樹／作曲家・渡辺宙明追悼　谷輔次／関本郁夫の未映画化作品『六連発愚連隊』完結編　谷川景一郎／「総集編」とは何か　最上敏信／水木洋子、心霊の世界に挑戦　奥薗守／邪論！正論！はた快楽　浦崎浩實

●映画論叢バックナンバーのうち、No.3〜No.18まで（各号840円。送料樹花舎負担）のご注文は樹花舎へ。メールあるいはファクスでご注文ください。ファクス：03-6315-7084
メール：kinohana@nifty.com
No.19以降は国書刊行会へ。一部1000円+税。

阪在住。映画館主義者。2022年9月、大阪のミニシアター「テアトル梅田」が閉館した。開館から閉館までつきあったことになる。残念と同時に、選択肢の減ったのがつらい。

鈴木義昭　1957年生まれ。新潟放送で一年間続いた拙著「蕗谷虹児」朗読番組3月末終了。「阪妻田村in神戸映画資料館」を準備中。『幕末衝撃事件簿』（ダイアプレス）3月末発売。

ダーティ工藤　1954年生まれ。千浦僚君とやっているマニアックトークショウ、映画原理主義が1月30日の第120回目で満10周年を迎えました。会場の新宿カフェラバンデリアには感謝です。記録を電子書籍か紙書籍にまとめたい。

永田哲朗　1931年生まれ。チャンバリスト。「殺陣」は時代劇愛好家必携の一冊。他に「日本劇映画総目録」（監修）「右翼・民族派組織総覧」（国書刊行会）など。新刊に「血湧き肉躍る任侠映画」（国書刊行会）。

二階堂卓也　1947年生まれ。50年代の東映「水戸黄門」シリーズ数本に触れ、伊賀山正光という監督を知った。フィルモグラフィを見ると時代劇から現代アクション、歌謡映画（！）まで、なんでもござれに興味津々。ソフトがさほど出ていないのに切歯扼腕。

長谷川康志　1978年横浜生まれ。双子座・AB型。酒豆忌（中川信夫監督を偲ぶ集い）実行委員。座右の銘「人間 いちばん あかん」（中川信夫）

東舎利樹　1966年生まれ。黒川幸則のデビュー作『淫乱生保の女肉体勧誘（97）』に、のちに「黄泉がえり（03）」「さよならくちびる（19）」などを監督する塩田明彦がチョイ役で出ていることが判明し、常本琢昭監督も共演しているようだが役柄は不明。

広瀬信夫　1963年生まれ。志垣太郎、大森一樹、松原千明、アイリーン・キャラ…デビュー時を知ってる面々が亡くなると、つくづくトシを感じます。

冬樹薫　1932年生まれ。90歳になりました。まあ、元気です。

最上敏信　1948年東京生まれ。新東宝については映画論叢32号、55号にも書いてあるので参考にして下さい。追加も発見！「カナリヤ先生と子供達」→「母恋鳥」、「銀座九丁目水の上」→「殴り込み女社長」、「残月峡の襲撃」→「剣風次男侍」など、今後も限りなく改題版は出てくるのだろう。

執筆者紹介（五十音順）

飯田一雄　1936年生まれ。むかし浅草にはレビューがあった。音楽と舞踊の強烈な魅惑。その匂いだけでも残したい想いで、今秋浅草で上演する「六区のロマンチック　ノスタルジー」。その準備に余念がない毎日です。

猪股徳樹　1942年生まれ。最近、エイリアン、近未来、元海兵隊ものが、やたら多い。まあ、良い時代もあった事だし、古い名作を甘受している自分だし、思い出を大切にしよう。そんな日々。

宇佐美晃　1957年生まれ。和田夏十が亡くなってからの市川崑がそうだったように、ダニエル・ユイレ亡き後のJ・M・ストローブは、自己模倣だけのゲージツ職人に成り下がった。

内山一樹　1954年生まれ。上映時間3時間の『RRR』は途中の「休憩」Intervalの文字を無視して連続上映。DCPに休憩分の黒味を入れれば映写機止めなくていいのに休憩に対応した客席の照明操作が手間なのか。

浦崎浩實　1944年生まれ。テーヘンライター。めでたく（！）傘寿に。オッソロしい！

奥薗守　1932年生まれ。教育及び産業関係の映画、ビデオ等のプロデュース、監督、シナリオを手掛ける。自称、水木洋子の弟子。

片山陽一　1974年生まれ。1月から始まったJ:COMテレビ「柏原芳恵の喫茶☆歌謡界」を毎週楽しみに見ています。

川喜多英一　1957年生まれ。佐藤蛾次郎は『とめてくれるなおっ母さん』、山本豊三は『月見草』、江原真二郎は『太陽と恋とギャング』、三谷昇は『狂犬三兄弟』、吉田喜重は『煉獄エロイカ』、上野山功一と絵沢萌子は…一本選ぶのは難しいなあ。

小関太一　1964年生まれ。東○作品のソフト化が少ないのをいいことにCS等で録画した映画を高額で売りつける輩がいる。YouTube等に挙がった作品は真っ先に消しにかかるくせにこうした犯罪者は野放しにするメーカー。善意の無償でネットに挙げるよりかなり悪質だと思うが。著作権て何？　買う方も買う方だが。

五野上力　1935年生まれ。俳優。劇団手織座、松竹演技研究生を経て61年東映東京入社。64年専属契約。初期は本名の斎藤力で出演。多くのアクション映画に助演した。

重政隆文　1952年大阪生まれ、大

◆**編輯後記にかえて**

エンニオ・モリコーネ来日公演に行って、大ショック。むくつけきオッサンばかりだろうと踏んでいた会場は、女客でいっぱい。いつの間にかセルジオ・レオーネじゃなく、ジュゼッペ・トルナトーレで語られる人になっていたのだ。映画ファンにとっては不愉快極まりない『ニュー・シネマ・パラダイス』（映画館に映写機が一台しかなかったり、フォーマットの変遷に無頓着だったり、の映画史的インチキっぷり）のテーマが、モリコーネを象徴するものとして扱われるようになるなんて…遂には、そのインチキ監督がモリコーネの伝記映画を撮るなんて…いやはや。

丹野達弥

『映画論叢 63号』の予告

武器は卒塔婆だ、シルバー仮面　大島組出身佐藤静夫監督インタビュー
鷗光・森富太　オリンピックを呼んだ活動弁士　藤元直樹
時代劇と怪奇性　蛇女優・毛利郁子のこと　二階堂卓也
知る人ぞ知る1968年の佳作　『愛すれど心さびしく』研究　内山一樹
なぜ未映画化　三上於菟吉の探偵小説　湯浅篤志
●好評連載　浦崎浩實、最上敏信、猪股徳樹、重政隆文、東舎利樹

映画論叢《えいがろんそう》 62

2023年3月15日初版第1刷発行
定価［本体1000円＋税］

編輯　丹野達弥《たんのたつや》
発行　㈱国書刊行会
〒174-0056 東京都板橋区志村1-13-15
Tel.03(5970)7421　Fax.03(5970)7427
https://www.kokusho.co.jp
装幀　国書刊行会デザイン室＋小笠原史子（株式会社シーフォース）
印刷・製本　㈱エーヴィスシステムズ

ISBN　978-4-336-07485-0 C0374